时代印记

王志艳◎编著

寻找

甘地

延边大学出版社

图书在版编目（CIP）数据

寻找甘地 / 王志艳编著 . —延吉：延边大学出版社，2013.8(2020.7 重印)

ISBN 978-7-5634-5891-2

Ⅰ . ①寻… Ⅱ . ①王… Ⅲ . ①甘地，M.K.（1869 ~ 1948）—传记—青年读物②甘地，M.K.（1869 ~ 1948）—传记—少年读物 Ⅳ .

① K833.517=5

中国版本图书馆 CIP 数据核字 (2013) 第 210021 号

寻找甘地

编著：王志艳

责任编辑：孙淑芹

封面设计：映像视觉

出版发行：延边大学出版社

社址：吉林省延吉市公园路 977 号　邮编：133002

电话：0433-2732435　传真：0433-2732434

网址：http://www.ydcbs.com

印刷：唐山新苑印务有限公司

开本：690×960　1/16

印张：11 印张

字数：100 千字

版次：2013 年 8 月第 1 版

印次：2020 年 7 月第 3 次印刷

书号：ISBN 978-7-5634-5891-2

定价：29.80 元

前言

　　历史发展的每一个时代，都会有对后世产生巨大影响的人物，都会有推动我们前进的力量。这些曾经创造历史、影响时代的英雄，或以其深邃的思想推动了世界文明的进步，或以其叱咤风云的政治生涯影响了历史的进程，或以其在自然科学领域中的巨大成就为人类造福……

　　总之，他们在每个时代都留下了深深的印记，烙上了特定的记号。因为他们，历史的车轮才会不断前进；因为他们，每个时代的内容才会更加精彩。他们，已经成为历史长河的风向标，成为一个时代的闪光点，引领着我们后人走向更加深邃的精神世界和更加精彩的物质世界。

　　今天，当我们站在一个新的纪元回眸过去的时候，我们不能不提起他们的名字，因为是他们改变了我们的世界，改变了人类历史的发展格局。了解他们的生平、经历、思想、智慧，以及他们的人格魅力，也必然会对我们的人生产生深刻的影响。

　　为了能了解并铭记这些为人类历史发展做出过巨大贡献的人物，经过长时间的遴选，我们精选出一些最具影响力、最能代表时代发展与进步的人物，编成这套《时代印记》系列丛书，其宗旨是：期望通过这套青少年乐于、易于接受的传记形式的丛书，对青少年读者的成长产生潜移默化的影响，使他们能够从中吸取到有益的精神元素，立志奋进，为祖国、为人类作出自己的贡献。

前言

　　本套丛书写作角度新颖，它不是简单地堆砌有关名人的材料，而是精选了他们一生当中最富有代表性的事迹与思想贡献，以点带面，折射出他们充满传奇的人生经历和各具特点的鲜明个性，从而帮助我们更加透彻地了解每一位人物的人生经历及当时的历史背景，丰富我们的生活阅历与知识。

　　通过阅读这套丛书，我们可以结识到许多伟大的人物。与这些伟人"交往"，也会进一步提高我们的思想品格与道德修养，并以这些伟人的典范品行来衡量自己的行为，激励自己不断去追求更加理想的目标。

　　此外，书中还穿插了许多与这些著名人物相关的小知识、小故事等。这些内容语言简练，趣味性强，既能活跃版面，又能开阔青少年的阅读视野，同时还可作为青少年读者学习中的课外积累和写作素材。

　　我们相信，阅读本套丛书后，青少年朋友们一定可以更加真切、透彻地了解这些伟大人物在每个时代所留下的深刻印记，并从中汲取丰富的人生经验，立志成才。

　　莫罕达斯·卡拉姆昌德·甘地（1869—1948），印度民族解放运动的领导人，印度国大党领袖，现代印度的国父，甘地主义的创始人，曾以一己之力带动了一个国家迈向独立。

　　1869年，甘地出生在一个殷实的印度教家庭里，从小就极度腼腆。19岁远赴英国留学深造，开始接触西方世界。学成归来，又受托赴南非处理一宗复杂的法律纠纷，由此，逐渐成长为一名出色的律师。在此期间，他深刻地体会到了南非种族歧视的屈辱，逐渐树立要为南非印度侨胞争取更多权益的志向，领导南非印度人反种族歧视的斗争，致力于此项事业长达21年之久，并成长为一名充满激情的、为人类尊严与自由而战的斗士。

　　甘地运用自己领悟出的独特哲学，拿起"非暴力不合作"的武器，向一切不合理的制度宣战。1915年，完成了南非的工作后，甘地又回到他所热爱的祖国开展新一轮的战斗，直至临死前的最后一刻，他仍在为印度和穆斯林团结和睦而呼号。

　　甘地的一生将"非暴力"思想贯穿始终。他相信人的良知，相信真理和爱的力量，在面对暴政时，在面对人民失去理智的互相残杀时，在面对国大党为私欲而不顾民族大义时，他都坚决而果断地选取绝食作为自己的武器，一生共绝食16次，几次面对生命绝境而绝处逢生。

　　他一生反对暴力，因暴力而流血牺牲是他不能忍受的。虽然也多次被人非议，但他仍然坚持追随真理。

　　他提倡非暴力，但并不惧怕当权者，也不惧怕死亡，一生18次入狱，5次

遇刺，最后一次遇刺更是夺去了他的生命。

一代科学大师爱因斯坦曾说：

"未来的一代代人将难以相信，人间曾降临过甘地这般的血肉之躯。"

这样的一个人，值得世人铭记。

本书从甘地的儿时生活开始写起，一直追溯到他所创立的伟大事业，以及为人类解放运动所做出的杰出贡献，再现了甘地艰辛曲折的一生，旨在让广大青少年朋友真切地了解这位政治巨人坎坷而充满磨难的人生历程，体会他对自由、解放的追求。

目 录
contents

第一章　圣人降生　/1

第二章　求学英国　/9

第三章　圣雄崭露头角　/19

第四章　联合印度侨胞　/28

第五章　第一次入狱　/37

第六章　为印度继续战斗　/51

第七章　重返故里　/61

第八章　非暴力抵抗运动　/71

第九章　"甘地时代"　/79

第十章　全印度总罢工　/89

目 录

第十一章　土布运动　/97

第十二章　独立运动风起云涌　/107

第十三章　"哈里真"运动　/119

第十四章　为维护印度的统一　/125

第十五章　痛失夫人　/131

第十六章　印巴分治　/137

第十七章　新一轮的暴乱与仇杀　/145

第十八章　最后的斗争　/151

第十九章　惨遭暗杀　/159

甘地大事年表　/165

第一章　圣人降生

爱是世界上最强有力的力量，同时也是最卑下的想像。

——甘地

（一）

1869年10月2日，在印度西部的港口城市博尔本德尔的一个印度教家庭，一个即将改变印度历史的生命诞生了，他就是莫罕达斯·卡拉姆昌德·甘地。

甘地的家世良好，在印度属得上是中上等家庭。"甘地"的姓本意为零售商人，他的父亲卡拉姆昌德·甘地是一个慷慨而又刚直不阿的人，原来曾是王府法庭的法官，以善于调停酋长和族人矛盾而见长，后来便一直担任当地的土邦首相。

虽然事业有成，但卡拉姆昌德的婚姻却不甚顺意，不断丧妻而续弦，直至第四任妻子普特丽白的出现，才改变了这个状况。

普特丽白为丈夫卡拉姆昌德生了一女三男，而莫罕达斯·卡拉姆昌德·甘地是最小的孩子。普特丽白是一名虔诚而又聪慧的女子，通晓国家大事，笃信宗教，并且始终信守不逾。如果许下誓约，即使有病的时候，她也不会借故失愿。在小甘地幼年时，她常常带着孩子们参加本邦王公的寡母所举行的会谈等。

甘地在博尔本德尔度过了他的孩提时代。大约7岁时，父亲卡拉姆昌德离开了博尔本德尔前往拉杰科德担任王府法庭的法官。甘地也跟随父亲去了那里，并在那里念完了小学和中学。

甘地生性是个腼腆而迟钝的孩子，并没有表现出比同龄孩子高一筹的天赋，甚至还要笨拙一些。在入学之初，他非常困难地学会了乘法口诀。在大人交谈寒暄的时候，他总是害羞地避开来人，整日与书本和功课为伴。并且，从来都不会说谎。

直到中学一年级的一次考试，一名叫齐尔斯的先生来学校视察。他要孩子们写五个字，借此测验他们的拼写。其中一个"锅"字，小甘地拼错了。老师用他的脚尖碰了碰小甘地，意思让他去抄袭同学的写法。诚实的小甘地没有领会老师的暗示，结果除他之外，别的学生都拼写对了。老师指责小甘地愚蠢。然而，小甘地并没有就此改变，他依然坚持着诚实的处事原则。

进入中学之后，小甘地因为诚实又好学，一直深得师长们的宠爱，多次获得奖学金。他总是敏感又小心地处世为人，即使一点小小的过失，也会让他泪流满面。

从甘地进入中学以来，父亲卡拉姆昌德·甘地便患了瘘病，需要人照顾，甘地经常陪伴在父亲身边喂药。因此，他一放学便回家看护父亲，这几乎成为他每天必做的事情。

不久后，学校新转来一位严格的校长，名叫度罗伯济·叶杜吉·齐米。他很受学生欢迎，而且教导有方。

齐米将体育和棒球的课程都列为高年级男生的必修科，但甘地却非常不喜爱这两项运动，而且有照顾父亲的责任在身，他就向齐米先生请求免除他的体育课程，但并没有得到这位新校长的批准。

如果有体育课，甘地只好往返学校两次。不巧的是，在一个星期六的下午，甘地把时间弄错了，那天本应该下午4点钟之前赶回学校上体育课，结果甘地到学校的时候，课已经上完了。

第二天，齐米先生检查点名簿，发现甘地旷课，并且不相信甘地的解释，严厉地处罚了他。甘地感到十分委屈，痛苦地哭了起来，从此便下决心要做一个"诚实而谨慎的人"。

父亲知道了这件事后，亲自给校长写了一封信说明情况，甘地的处罚才被撤销。但是，这件事深深地印刻在小甘地的脑海里，这是他第一次因为疏忽而受到学校的处分，也是最后一次。

（二）

在甘地13岁的时候，发生了一件在今天看来很不可思议的事情：他跟一名与他同岁的女孩卡斯图巴成婚了。这件事在现在看来是有违天性的，但在当时的印度，童婚却是很正常的一种现象。

其实早在7岁的时候，小甘地就已经订过三次婚了，只是他并不知道，新娘也因为早逝而没有成行。卡拉姆昌德直到40岁才与第四任妻子普特丽白成婚，他们共同孕育的三子一女中，小甘地是最小的一个孩子。老大早已成亲，老二也到了成亲的年纪。为了了却自己的心愿，在临去世之前看到子女均能有所着落，也为了省却那么多的铺张与排场，卡拉姆昌德决定让甘地与哥哥们一并成亲。

本邦王公派了马车作为卡拉姆昌德的交通工具，然而路上却发生了意外，卡拉姆昌德因翻车而受伤。万幸的是，他还能勉强参加婚礼。

　　婚礼举行得很隆重，懵懂的小甘地与新娘举行了"七步"礼（"七步"礼是印度教徒新郎和新娘行七步的一种仪式，仪式进行时，彼此承应互守贞节和敬爱，从此他们的婚姻成为百年不变的结合。），并正式结为夫妇。

　　毕竟还只是13岁的孩子，同龄的两个孩子互为玩伴，也会经常因为不合而发生争吵。甘地认为自己是丈夫，妻子就必须听命于自己，并且还不准妻子随意回家或去探望自己的朋友。

　　这些限制对于一个只有13岁的女孩来说，当然是不管用的。她越来越难以理解这个自称为丈夫的小男孩的所作所为，并且不再愿意与他讲话。两个孩子一吵架就这样僵持着，但甘地仍然非常喜欢她，并为她着迷，所以很快他们就又言归于好了。

　　童婚的习俗是残酷的，但也不乏人性的一面。为了孩子不沉溺于此，在一年多的时间里，父母只允许青年夫妇在一起待上半年的时间，这样做也有利于他们的学业和家务的学习及长进。甘地夫妇也是这样，他们从13岁到18岁这5年当中，在一起生活的时间总共不过3年。

　　因为读书和结婚并行是一件很难的事，结婚通常就要休学一年，落下的功课又很难补上来，很多人不能坚持下去，所以就中途退学了。甘地的二哥就是这样辍学的，但甘地却坚持下来了，并且因为学习勤奋，还跳了一级，直接上了四年级。

　　四年级的学业比前面都要繁重，加上自己的基础不太牢固，甘地学起来很吃力，尤其是梵文课。

　　梵文老师是一个严厉的人，又要学生们死记硬背，甘地实在忍受不下去，有一次就逃了课，跑到波斯文班上去听课。

　　梵文老师知道这件事后，很难过，就将甘地叫到自己的办公室，语重心长地对他说：

　　"难道你忘了自己是毗湿奴信徒的儿子了吗？怎么连自己宗教的文字都不会了呢？如果你有什么困难，为什么不来找我？我会尽力把你的梵文教好的。只要你继续坚持下去，就会发现其中有无穷的趣味。你不要灰心，还是回到梵文班上来吧。"

　　听了老师的话，甘地觉得很惭愧，从此开始努力学习梵文。直到多年后回忆起这件事，他仍然感激当日梵文老师的教诲。他说，一种语言只有卸下以外国语文为进修的媒介，学起来才会感觉乐趣无穷。而学好这门语言，对本民族的历史和文化的研习将大有好处。

（三）

　　十五六岁正是叛逆的时期，甘地也不例外。在学校里，他交上了一个被大人称之为"坏"的朋友。这个人是哥哥的同班同学，每天调皮捣蛋，很顽皮。但他喜欢跟老实的"好"孩子甘地呆在一起玩。起初，甘地是抱着改造这位朋友的态度与之交往的，可是"改造"却并不顺利。

　　印度教徒都是素食主义者，而当时的拉杰科德正浸沉在一种"改革"的热潮当中。很多教徒都背地里偷偷地吃肉，甘地的新朋友建议他也吃肉，并且声称：

　　"我们是一个孱弱的民族，因为不吃肉，英国人就能够统治我们，就因为他们吃肉。只有吃肉了，我们才能身体强壮，才能跑得飞快，才能打得过英国人。"

　　不断的游说，终于让甘地动心了，他也想像这个朋友一样强壮、勇敢。

而且，甘地自小就是个怯弱而胆小的孩子，他不想让任何人知道这点，尤其是自己的妻子。否则，他就会失去一个丈夫的"威严"。于是，他跑去跟朋友偷偷吃了几次肉。

第一次的经历并不好受，他们吃了肉质粗糙的山羊肉。山羊肉的粗糙和膻味让甘地无法下咽，加上心理作用，最后他不得不抛下山羊肉走开了。

晚上，甘地做了一个梦，梦到一只山羊在自己肚子里哀号，这让他很是难受了一阵子。

经过几次之后，甘地渐渐喜欢上了肉食的味道。但是，一次次对家人说谎却让他内心越来越不安。最终甘地放弃了，戒绝肉食，并且也断绝了与这个朋友的来往。

小男孩总有迷恋香烟的时候，甘地也是一样，他和一个亲戚一起想学大人的样子抽烟。可烟并不是常常都有的，偶尔捡来的烟头也不能过足瘾。于是，甘地开始偷偷地拿佣人们的零用钱，然后跑出去买印度的土烟卷。

这样的情况持续几次后没有被发现，甘地自己也淡忘了。直到有一次，甘地的一位哥哥因为欠了一笔债，想从金镯子上弄下一小块卖钱还债，甘地帮了哥哥这个忙。但这种做法在印度是很忌讳的，因为在印度人看来，这种镯子具有一定的宗教色彩，不容侵犯破坏。

甘地因此而十分难过，决定向父亲坦白，并发誓再也不偷窃。虽然父亲从没有打过他，但他还是很害怕。他写了一份悔过书交到父亲手上，恳求父亲的饶恕。

诚实的甘地在这张字条上承认了自己的罪过，并且恳求父亲批评自己，还对父亲说不要因为自己的过错而自责，最后还发誓以后永远不再偷窃。

面对着坐在自己对面的儿子，卡拉姆昌德什么也没说，两串晶莹的泪珠从他昏黄的眼中流了出来。他缓缓地闭上双眼，并沉思了一会儿，举起手来将纸条撕毁，然后静静地躺下，没再有任何其他的动作。

甘地的内心被深深地触动了。此刻，他才深刻地体会到父亲那博大而深沉的爱，他为自己以往的所作所为感到懊悔不已。

"只有受过爱之箭伤的人，才能晓得爱的力量。"

在甘地16岁的时候，经历了人生的一次重大转折。父亲卡拉姆昌德因久患瘘病终于卧床不起，孝顺的甘地和母亲及家中的一个老仆人一起担当起看护父亲的责任。

甘地每天负责给父亲包扎伤口和换药，并在父亲临睡前为他做腿部按摩。他们听从本地医生的建议，没有对卡拉姆昌德采取手术治疗，但保守的治疗方法并没有让他的病好起来，反而越来越重。但是卡拉姆昌德却始终坚持自己下床大小便，不麻烦亲人们，可见其坚毅的个性。

终于有一天，卡拉姆昌德·甘地病逝了。此时甘地恰好不在父亲身边，这让甘地一生都愧疚不已。

甘地有坐三等火车寻访各地探察民情的习惯，有一次，上车的人很多，在朋友的帮助下，甘地好不容易挤上了车。但一不小心，一只鞋子被挤掉到铁轨上了。此时，火车已经启动了。身旁的人看到甘地没了一只鞋子，觉得有点可惜。

忽然，甘地弯下腰，把另一只鞋子脱下来，迅速地扔到窗外。身边的乘客都对甘地奇怪的举动感到惊讶，甘地却笑着说："这样，捡到鞋子的穷人就有一双完好的鞋子穿了。"

第二章　求学英国

就是因为自己非常怕死，所以才会对别人的死亡流下眼泪。

——甘地

（一）

1887年，18岁的甘地念完了中学，在母亲的期许下，通过统一考试后进入巴纳加尔城的萨玛尔达斯学院就读。

然而，新的学习生活并没有给甘地带来多少乐趣，相反，他为听不懂教授的讲课而苦恼不已。第一学期刚过，他就退学回家了。

转机也因此而出现。甘地家的老朋友马福济·达维先生此时来访。他是特意过来看望甘地的母亲和拜会他的兄长的，并顺便问及甘地的学习情况。马福济·达维学识渊博、见多识广。

当得知甘地正在萨玛尔达斯学院就读时，马福济·达维建议说：

"在当今的时代，如果你们不接受适当的教育，就别想继承祖业。在国内读大学的愿望很难实现，因为国内竞争太激烈，时间又太长，不如送他到英国去。那里不仅经济发展，而且时髦。等他学成归国，再谋求职位就会容易得多。"

同时，他还痛快地答应尽可能地为甘地提供帮助。

这一席话说得甘地心动了，他当即询问长兄能否同意他去英国学医。哥哥说：

"我们毗湿奴教派是不应该做解剖尸体的事的，父亲希望你能当一个律师。"

马福济·达维则说：

"我倒不像你父亲那样反对学医。不过，你要是拿个医科学位，回来就当不了帝万（旧时印度土邦的首相），也就担当不起这个大家庭的责任，做律师倒是个好差事。"

客人告辞后，甘地开始认真地构思他的出洋计划。不过，母亲普特丽白的心里却矛盾重重。她是一个虔诚的印度教徒，一方面不想耽误孩子的前程，另一方面又担心甘地出国后学坏，背叛了本国的宗教。左右为难的她只好对儿子说：

"叔叔是家中的长者，我们还是先和他商量一下，然后再作考虑吧。"

母亲的意思是希望她的小叔子能够制止甘地的幼稚行为。可是，为实现自己到英国留学的理想，一向胆小怕事的甘地居然雷厉风行，立即动身前往博尔本德尔去向叔叔求援。

正如甘地的母亲所料的那样，叔叔对甘地远涉重洋前往英国的想法忧心忡忡。他说：

"我所遇到的那些从英国留学回来的大律师，并没发现他们与欧洲人有什么区别。他们的嘴上永远离不了雪茄，吃东西也没有任何禁忌，穿着也是完全西方化。所有的这些都与我们国家的传统背道而驰，我怎么能答应你到英国去呢？不过，我也不愿意拦阻你，最重要的还是你母亲的意见。"

　　甘地知道，自己必须打消母亲的顾虑后才能顺利出国。于是，他求助了父亲的一位老朋友，家中的老顾问贝哈吉·史华密。

　　贝哈吉·史华密提出一个简单易行的方式，就是让甘地庄严地许下三个誓约：不吃肉，不喝酒，不接触女人。

　　甘地郑重地许下誓约。从此，这三个誓约也如影随形地伴随着甘地的整个留学过程。甘地的决心让母亲最终放下心来，答应了他的请求。

　　得到祝福的甘地准备妥当后，告别了母亲、妻子和几个月大的儿子，在哥哥的资助及陪伴下来到孟买。当时恰逢七八月份，正是印度风浪最大的时候，哥哥担心这时出海不安全，准备待11月份风浪小的时候再出航。于是他就将甘地托付给一位朋友照顾，自己返回家照顾母亲。甘地不愿违背哥哥的好意，只好留在孟买等着。

　　甘地滞留在孟买并打算出国的消息不胫而走，以族长为首的本种姓族人召开了一个种姓会议，并传甘地出席。因为甘地属于莫德·班尼亚种姓，而他是这一种姓中第一个要出国的人。在当时，这是一件不可思议的事情。

　　出国的决定克服了恐惧，甘地以大无畏的精神参加了会议，并且勇敢地接受了族长的盘问：

　　"照本族的意见，你去英国的打算是不妥当的，我们的宗教禁止航海远行。我们还听说，到了那里如果不损害我们的宗教便无法生活，去那里的人不得不与欧洲人一同饮食。"

　　"我并不认为到英国去是违背了我们的宗教，我到那里的目的是求学深造，而且我已庄严地答应我的母亲不做你们最害怕的三件事。我相信，我的誓言能够保障我的安全。"

　　"我要告诉你的是，在那里要保持我们的宗教是不可能的。你知道我同你父亲的关系，你应当听从我们的劝告。"族长反驳道。

"我知道那些关系，而且我把您当成我的长辈一样尊敬。但在这件事情上，我无能为力。我去英国的主意已定。再说先父的朋友和顾问，一位尊敬而有学识的长辈也未反对我出国，家母和家兄也未反对。"

"可是你竟敢不服从本种姓的命令！"族长十分生气。

"我实在没办法，我想种姓本身不应干预此事。"甘地据理力争。

族长恼羞成怒，他当众宣布：

"从今天起，这个孩子不应被看成本种姓的人，谁要帮他或到码头去送行，就得交1卢比4安拿的罚款。"

甘地忐忑地将此事发电报告诉哥哥，哥哥迅速回电，全力支持甘地的举动。这件事虽然得到了哥哥的支持，但甘地知道自己不能继续在孟买呆下去了。

恰巧在这时，有一位孟买的律师要到英国去执行公务，甘地便想借此机会和这位律师搭伴去英国。当电报打到哥哥那里后，很快就得到了哥哥的许可。

可是，种姓族长的话还是有些效力的，保管旅费的人不敢违命，扣留了甘地的旅费。甘地只好从哥哥的朋友那里周转，并得到了这位朋友的鼓励。

1887年9月4日，甘地离开了孟买，一路乘风破浪，驶向大洋彼岸遥远的英国。

（二）

对新世界的向往，让这位18岁的青年兴奋不已，然而天生的羞涩又让他束手束脚。在船上，他不好意思主动跟人搭讪，基本都在自己的房间内呆着。而同行的律师马兹慕达却截然不同，他和每个人都很谈得来，并邀请甘地一起出来呼吸下新鲜空气，认识认识外边的人。

甘地仍觉羞涩，不敢与人用英语交谈，不会使用刀叉，也不吃荤菜，所有的这一切都让他与外部的环境格格不入。因此，他经常是饥肠辘辘，身体也日渐消瘦。

马兹慕达一有空就劝说甘地尽量吃些肉食来抵御英国寒冷的天气。甘地不能违抗誓言，他只靠从印度带来的食物度日。

经过一路的奔波，甘地和马兹慕达终于到了英国。

在临出发时，甘地带了四封信，其中的一封是给在英国的同乡梅赫达医师的，他是个乐于助人的好人。

甘地一下船，就立刻去找梅赫达医师，并很快找到了他。梅赫达医师告诉甘地一些基本的英式礼仪，比如，不能像在印度一样，一见面就随便拿人家的东西看；不能光脚，必须穿鞋；等等。

为了让甘地尽快适应这里的环境，梅赫达医师还给甘地介绍自己的英国朋友，让甘地在他朋友家短住一个月，以便能尽快熟悉英国人的生活和风俗习惯。

梅赫达医师介绍的这位英国朋友相当和蔼体贴，经常教甘地学一些英国人的规矩、礼仪等。甘地也渐渐习惯了用英语讲话。而在这里，他还养成了每天读报的习惯：《每日新闻》《每日电讯》《保尔·马尔公报》等，每天他都会浏览一个小时左右，从而养成了关注时事的良好习惯。

语言虽然不是问题了，但饮食仍然是个问题。热情的主妇并没有多少做素食的经验；而且印度人吃饭是常常含有香料的，英国人则不是。所以，甘地常常感到食不知味。

早餐的麦糊还可以凑合，但午饭和晚餐里的蔬菜只是用水煮过的，这对甘地来说实在是难以下咽。而且由于住在别人家中，甘地又不好意思多吃，所以他每次总是吃不饱，身体也越来越虚弱。

看到这种情形，男主人实在不忍心。有一次，他很真挚地对甘地说：

"如果你是我的弟弟，我就送你回去。你的母亲既不识字，也不了解这里的情形，在她面前发的誓言有什么价值呢？坚守这种誓言是纯粹的迷信。我要告诉你，你这样执拗在这里是不会有好处的。你吃过肉，而且觉得好吃，你在绝对不需要的地方吃了，而现在到了该吃肉的地方却不吃，这真是不可思议！"

即使这样言辞激烈的劝说也未能让甘地动摇，他仍然坚守誓言，不曾违背。

一个月的熟悉生活很快就结束了，梅赫达医师安排甘地住在一个英印混血种的家庭里。主人是个寡妇，人也和蔼，并答应给甘地做素食，吃饭的时候还会多给甘地几片面包，但害羞的甘地依然吃不饱。

甘地为了满足自己的胃口，常常会逛街寻找素食馆饱餐一顿。一次偶尔的发现让他摆脱了饮食的困扰。

有一次，甘地在法林顿街发现了一家素食馆。吃饭的时候，他偶然看到橱窗里陈列着一些关于素食的书籍，于是就随手买了一些，其中有一本是萨尔特的《素食论》。里边的饮食指导和理念让他大开眼界，从此也摆脱了甘地长久以来对饮食的困惑。

在读这本书之前，甘地不得不承认，他依然是个肉食者，只是为了履行承诺，不得不吃素食。在他内心深处是期盼能够吃肉食的。而这一本书让他坚定了成为素食者的想法，并且开始努力实践成为一名自觉的素食体验者。

以此为契机，甘地阅读了不少有关素食的著作，了解了素食的宗教、科学、实践与医学的根据。他订阅了英国素食者协会出版的周刊，并加入了这个协会，还一度成为协会的执行委员会委员。同时，甘地开始素食实践，如不再喝茶和咖啡，靠面包、水果、奶酪、牛奶、鸡蛋度日等等。

甘地的各种素食试验让那些笃信不吃肉便活不下去的朋友更加担心，他们带他到餐馆去吃饭，试图让美食改变他的想法。但甘地意志坚定，并且餐前还要将服务生叫来询问食物的组成。朋友对此非常生气，虽然这件事并未影响他们之间的友谊，但甘地也意识到，既要保持素食习惯，也要融入进英国社会，就必须首先做一个"文质彬彬的绅士"。

于是，甘地开始了一系列的改变，先买了一顶很贵的礼帽，又到伦敦最繁华的中心区买了一套晚礼服，还学会了复杂的打领结技巧——因为这是一个英国绅士必备的技能。

甘地还习惯于在镜子面前细心地梳理自己的头发，尽管他的发丝很硬，他还是每天让它们都服服帖帖。为了交际的需要，他还开始学习跳舞、法文和演讲术。

这样的生活持续了3个月，甘地每天都在努力地扮演着这个角色。但有一天，他突然醒悟过来：

"我并不打算在英国住一辈子，那我去学演讲术有什么用呢？跳舞怎么能使我成为一个绅士呢？小提琴我在印度也可以学的。我是一个学生，还是应该去读书。我必须取得成为律师的资格。如果我的品行能使我成为一个绅士，那是再好不过了。不然，我就得放弃这种欲望。"

于是，甘地退掉了所有的课程，并亲自去找小提琴老师，请她帮忙卖掉自己的小提琴。他的做法得到了老师的鼓励。

（三）

甘地现在理清了思路，接来下的任务就是学习了。大学的入学资格是需要考取的，甘地首选的大学是闻名于世的牛津大学与剑桥大学。然而这两所大学的学费之高最终令他望而却步。虽然哥哥总是来信告诉他，不要担心学费的问题，但甘地最终还是选择了入学考试难度较大而费用相对低廉的伦敦大学。

为准备入学考试，甘地开始攻读拉丁文和法文，并参加了一个私人开设的大学预备班。由于时间紧迫，甘地单独租了一处住所，每天深居简出，节衣缩食，废寝忘食地苦学。虽然第一次考试没有通过，但他并不气馁，反而以加倍的努力迎接第二次考试。

功夫不负有心人，第二年，甘地终于如愿以偿，成为了伦敦大学的一名学生，攻读法律。

在校期间，甘地学习十分刻苦。他不仅读遍了必修课本，还特别深入细致地攻读拉丁文的《罗马法》，然后又花了9个月的时间读完了英国的普通法，如布罗姆所著的长篇巨著《普通法》、斯尼尔的精深难懂的《平衡法》、怀特和提德尔的《重要案例》、威廉士与爱德华合著的《不动产》，以及古德维著的《动产》等。这些丰富而扎实的专业知识为他以后成为一名出色的律师奠定了坚实的基础。

甘地信奉印度教，但对本宗教的历史却并不了解。此时，他求知欲旺盛，在学习专业课之余也广泛涉猎各种宗教书籍。在伦敦的第二年末，甘地就阅读了英译本的印度圣诗《纪达圣歌》。在这本书中，有这样的一句话：

"人如果注意感官之物，那就将受到它的诱惑。诱惑生爱好，爱好生欲火，欲火置一切于不顾。藩篱既破，浩气无存，终至精神丧失，身心同归于尽。"

甘地觉得，这些话简直就是人生的真知灼见。

在阅读了《亚洲之光》《通神学入门》《圣经》《旧约》《新约》之后，他觉得《旧约》让人昏昏入睡，而《新约》虽然在基督教徒心中的地位不如《旧约》，但他却喜欢里边的很多见解，因此对其爱不释手。如《登山宝训》中所说：

"我告诉你们，不要与恶人作对。有人打你的右脸，连左脸也转过来由他打。"

甘地对这些话十分赞赏。

此时，他还读了卡莱尔的《英雄与英雄崇拜》，对先知的伟大、勇敢与严肃的生活激动不已。

学习是留学生活的主旋律，但也往往旁生枝节。

在英国留学的印度学生并不多，但印度的童婚制度却也是少有的。深处在伦敦这样一个开放的国度，印度学生自然羞于提起这段历史。因此，很多印度留学生都将自己结婚的事实隐藏了。

年轻的甘地既害羞又不善言辞，自然也这样做了。

恰巧，他在素食餐厅认识了一位和蔼的英国老妇人。她看中了甘地的为人，屡次介绍她的年轻女性朋友给甘地，并让他们单独相处。虽然相处是愉悦的，但谎言下的心灵却备受煎熬。甘地不断进行自我反省，并且意识到问题的严重性。

经过艰难的思想斗争之后，甘地写信给老妇人，在信中对自己的欺瞒行为表示忏悔，并希望得到朋友宽恕。老妇人为甘地的真诚打动，她用诙谐的回信消除了这位年轻人的顾虑，并与甘地就此结下了更为深厚的友谊。

自此之后，甘地再也不隐瞒自己已婚的事实，而是据实以告。这件事也让他体会到，只有拥有诚实的美德才能结出善意的果实。

1891年6月10日，甘地大学毕业了，并如愿以偿地取得了律师资格。6月11日，他在伦敦高等法院登记。第二天，他便迫不及待地离开英国返回故乡，看望他想念的家人。

第三章　圣雄崭露头角

真理，纯洁，自我控制，坚定，无畏，谦卑，团结，和平，是一个反抗者必须具备的品质。

——甘地

（一）

1891年6月12日，结束了四年的留学生涯，甘地启程回国，新的职业生涯正在等待着他。

尽管在留学期间勤奋好学，但甘地仍然有些忐忑不安，他对自己能否胜任律师这一新的角色并没有多大的把握。

带着满腹的憧憬而又有些惴惴不安的心情，甘地踏上了故土。从孟买刚一上岸，他就从哥哥的口中得知了母亲去世的消息。这个噩耗让返回故乡的游子悲恸不已。

还没等甘地从失去母亲的痛苦中解脱出来，出国前的种姓问题又开始缠绕上这个年轻人了。

对于种族问题，甘地虽然可以淡然处之，但哥哥和亲友的劝阻却让他不得不暂时屈从。既然要在印度工作，如果被开除种姓就意味着被社会抛弃，这是家人们无法承受的。

于是，甘地一回到拉杰科德就在哥哥的招呼下到圣河里进行了沐浴，并宴请族长和族人。由于哥哥的周旋和维护，加上甘地本来就是个十分诚恳的人，族长最终网开一面，重新接纳了甘地。

为了尽快回报哥哥的厚望和支撑起家业，甘地接受了朋友们的建议，决定先去孟买闯荡一番。

刚一到孟买，甘地就迫不及待地筹办律师事务所，并马上挂牌营业了。一方面，他充分利用业余时间研究印度本土法律，以便能够在处理案件时游刃有余；另一方面，他仍然坚持在英国时已经开始的"饮食方法"。

由于哥哥交友甚广，生意很快就送上门来了。第一宗案子是由中间人介绍过来的一桩小案。当时，行内有一个不成文的规定：即抽取一部分佣金给中间人。但正直的甘地认为这样做不合理，坚决不给，并且坚持只收当事人很少的诉讼费用——30卢比。

案子很明显，甘地用了不到一天的功夫就处理好了。但出庭辩护环节却成了甘地的软肋，他临阵退缩，浑身发抖，最后只得告诉代理人自己无法辩护，换成别的律师。

甘地对自己很失望，这次受挫使他失去了再次受理案件和到法庭露面的勇气。

这次受挫也让甘地的事务所再没有任何的生意，而甘地只能依靠写状子来维持生活。为了减少开支，在与哥哥商量后，甘地便回到家乡拉杰科德，在那里依靠哥哥朋友的人际脉络维持生意，依靠写状子平均每月能有300卢比的收入。

（二）

甘地生性倔强，而这种写状子的生活也只是权宜之计，可自尊心极强，又接受过西方教育的甘地实在很难适应当时的环境。这期间，他又遭到一次重大打击。这件事是由他的哥哥引起的。

甘地的哥哥曾担任过博尔本德尔王公的秘书与顾问，结果因得罪人，被人借机控告他，还控告到对哥哥素有成见的政治监督官那里去了。

哥哥是家里的支柱，自然不能出事。在伦敦期间，甘地曾与这位政治公署的长官有点交情，所以哥哥想让甘地去说说情。可固执的甘地却觉得公道自在人心，便劝阻哥哥道：

"如果你确实有错误，我去说情又有什么好处？如果你没有犯什么过失，就应当照规矩上一个呈文，听候这件事的结果。"

但哥哥还是认为当地讲究人情，甘地去说情是不能推卸的责任，应该义不容辞地去。虽然这是违背甘地本性的举动，但为了哥哥，甘地还是硬着头皮去见这位英国官员。

结局自然不好，这位在私下举止谦和的人，此时完全换了一张脸孔，不近人情地任凭听差将甘地赶了出去。

甘地感到自己蒙受了奇耻大辱，他要求那位英国官员道歉，并声称如果不赔罪就要去告他。

"你要告我，悉听尊便。"官员回复了这样的话。

甘地垂头丧气地回到家，然后继续与哥哥商议对策。他们找到了大名鼎鼎的费罗泽夏·梅赫达律师帮助出主意，得到的回复是：忍耐为妙。因为印度属于英国的殖民地，这种不平等司空见惯，要想在此安身立命，就只能委曲求全。

这件事使甘地逐渐明白了一些社会现实，为什么同是一个英国人，在伦敦时，他能和你成为朋友；可在印度，当双方成为统治者与被统治者时，又变得无比凶狠，不可一世，同先前判若两人？甘地认为，是制度使人变得如此可怕。

"我永远都不再把自己陷入这样错误的境地！永远不再这样滥用友谊。"甘地对自己这样说道。

随后，甘地又帮忙处理博尔本德尔王公争权夺利的事件。在搜集证据的过程中甘地注意到，佃农担负的地租太重了，于是就去找当地的行政官申诉。谁知那个行政官的做派比英国人更嚣张。结果佃农的利益不但没有得到改善，倒是王公得到了更多的权利。甘地对周围的环境更加深恶痛绝。

"我觉得我的当事人所受的并不公道，可是我又没有办法主持公道。"甘地为此深深苦恼。

正当这时，一桩来自南半球的案子彻底改变了甘地的生命轨迹。

这是一桩旷日持久的债务纠纷。商行股东赛·阿布杜尔·卡利姆·嘉维立是一位富有的穆斯林商人，他在南非开办的公司与另一家印度公司有4万英镑的纠纷。这位股东与甘地哥哥的朋友有些交情，听说甘地从英国学成归来，正无用武之地。恰巧他们又需要位懂英文和法律的人过来协调，因此就写信邀请甘地过来帮忙。

一年的时间并不长，况且甘地也迫切地想要摆脱目前的困境，离开印度，去一个新的国家碰碰运气，所以他毅然答应了他们的邀请。

此时的甘地，与去英国留学前的心境已经截然不同，他已饱尝人间冷暖，也经历过事业初创期的失败，理想和现实的种种考量，让他开始变得成熟起来。但当时他还不知道，这次航行会是他人生的一个转折点，等着他的将会是一个新的战场。

（三）

1893年5月，经过漫长的航程，甘地到达了南非的纳塔尔港。

商行主席达达·阿布杜拉先生亲自去迎接甘地。达达·阿布杜拉是一名精明的商人，他的商行在当地首屈一指，是印度商行中规模最大的，他本人也深受尊敬。

但是，甘地刚下船时却发现认识达达·阿布杜拉先生的人对他态度傲慢，甚至嗤之以鼻。甘地感到甚是奇怪。

达达·阿布杜拉见到甘地后，也感到颇为头疼。他在读过甘地带来的哥哥的亲笔信后，不知道该如何对待这个初出茅庐的年轻人。甘地此时的服饰和装扮还没有摆脱留学英国时的影响，因而，在这位踏实的商人眼中，甘地无疑是来玩票的。

但通过随后的接触，达达·阿布杜拉逐渐消除了顾虑。甘地对《可兰经》的领悟力和对伊斯兰教的信仰让两个人越聊越投机，并逐渐产生了信任和默契。

通过了解，甘地也逐渐弄明白了为何在当地印度人不被尊重。原来是因为南非的种族歧视和偏见由来已久，根深蒂固。

早在1860年前后，英国殖民者发现在南非从事种植和采矿有利可图，而印度人口众多而廉价，于是就招募了大量的印度契约劳工。这些印度人发挥着自己的聪明才智，他们种植蔬菜，引进印度品种并加以改良，还经营起小本生意，有些人甚至开始进入商界。

经过几十年的发展，印度人由原来的劳工上升为土地和房产的所有者，国内的商人也纷纷来到这里定居经商，这使得当地白人戒惧日深，并开始敌视这个日渐强大的亚洲人种。而且，他们还想尽各种办法，采取强迫遣返、征收苛税、剥夺选举权等手段对印度人进行种族迫害。

　　同时，印度人因为职业、信仰、种族关系的错综复杂等，也一直没有形成一种有组织的力量来对抗殖民当局的步步紧逼。个人的力量总是微小的，印度的劳工多数都不识字，更不懂法律，而一些印度商人因为金钱的驱使也不得不屈从于殖民者。因此，印度人对这种创造价值与政治地位的严重不平等关系也只能默默地容忍下去。

　　在取得了阿布杜拉的信任之后，甘地便被带到当地的德班法院。他很快认识了几个阿布杜拉的帮手，并坐在了阿布杜拉的法律代表身边。甘地的衣着甚是奇怪，有印度和英国混合的风格：身上穿着欧洲人的长礼服，头上却缠着印度人的头巾。庭长不断地望着甘地，并要求甘地摘下头巾。但甘地断然拒绝，并因此离开了法庭。

　　庭长之所以要求甘地摘下头巾，是因为当地对印度人的歧视规定中就有一条：印度人到法庭必须摘下头巾，只有穿伊斯兰服装的印度人例外。

　　但甘地本着自由平等的理念，采取了极端的拒绝态度。

　　此后，他通过在当地的几天体验，很快地了解一下情况。

　　当地的印度人是被分成几个派别来加以区分对待的。一派是穆斯林商人，自称为阿拉伯人；另一派是印度教徒；还有一派是波希人，都是当地的职员。而为数最多的还是契约工人和自由工人，他们签订了到纳塔尔港做工5年的协议，因此英国人也称他们为"苦力"。

　　如果推广开来，英国人的逻辑就是：所有的印度人都有了一个名称——"苦力"。做生意的是"苦力商人"，打官司的是"苦力律师"。

　　没过多久，甘地就成了一个十分让人头疼的"苦力律师"。

　　因为从法庭出来后，甘地马上给当地的报馆写了一封信，陈述了自己坚持戴印度头巾的理由。报界对这件事给予了报道，结果引起极大的争议，支持与反对的声音同时袭来。在欧洲人的眼中，甘地成了一个"不受欢迎"的来客，甘地也因此出了名。

（四）

阿布杜拉对甘地充分信任之后，便派给他一项任务，去比勒陀利亚处理一宗官司。

这次旅程并不顺利。尽管甘地坐的是头等车厢，但意外还是发生了。

当晚的9点左右，甘地抵达纳塔尔的省城马利兹堡。这时上来一位乘客，他看到甘地是个"有色人种"，便一声不吭地走开了。随后几个官员又来到这里，强迫甘地搬到货车厢去。甘地解释说他是有头等车厢车票的，但官员们根本并不听他的解释，而是直接叫来警察，将甘地的行李连同他的人一起赶下了火车。

茫茫夜色之中，甘地孤零零地在陌生的车站度过了一夜。9月的南非正值隆冬，甘地冻得浑身哆嗦，他忍受着肉体和精神的双重折磨。

第二天一早，铁路局局长就接到了甘地的控诉电话。但是，他认为这是一件无可非议的事，就算是阿布杜拉来到他面前也无济于事。并且，南非的法律并没有指出这样做有什么不合理之处。

无计可施之下，阿布杜拉只得请求在马利兹堡的印度朋友对甘地多加照顾。那些印度商人对甘地的遭遇表示同情，也告诉他这种遭遇已经是司空见惯的了。当晚，甘地乘车继续行进。

当到达查里斯城时，由于铁路不通，甘地只好乘坐马车到约翰内斯堡。同车的白人领班见甘地是个生客，又是个"有色人种"，就欺负他，让他坐在马车夫的旁边，自己则坐在甘地的位置上。为了避免中途变故，甘地只好暂且忍耐下来。

不料，途中白人领班想出来抽烟，就拿出一块肮脏不堪的麻布让甘地坐上去。这实在是太侮辱人了！甘地已经忍无可忍，便摇头表示拒绝。谁知拳头当即挥了过来，那个高高壮壮的白人还用自己的粗手抓住甘地的胳臂，要把甘地拉下车。甘地死命地抓住铁栏杆就是不松手，双方争持不下。

其余的乘客都看不下去了，说了句公道话，甘地才最终得救，并坐回到了车里边去。

一路上，白人领班一直恶狠狠地瞪着甘地，甘地不为所动，一直坐到下车。这样屈辱的经历让甘地痛心不已，同时也埋下了他决心革除这种不平等制度的种子。

经过一路的颠簸，甘地终于到达了比勒陀利亚，见到了处理阿布杜拉公司案件的律师阿·伍·贝克先生。

贝克先生是个聪明能干的人，同时也热衷于宗教事业。他相信上帝的力量，笃信基督教。而甘地对宗教的热忱也很快拉近了两人的距离。

在贝克先生的介绍下，甘地在这里认识了不少基督教的朋友，与这些朋友的广泛接触和深入交谈，也激发了他对宗教研究的热情。此后，甘地开始系统地研究各种宗教经典，并与基督教、伊斯兰教与印度教的权威人士保持着密切的联系，逐渐形成了自己独特的宗教价值观。

甘地长于社交的能力逐渐显现出来，在这里，他还结识了铁布·哈齐汗·穆罕默德。哈齐汗也是当地一位著名的印度商人，而且是阿布杜拉这宗旷日持久官司的被告。哈齐汗的声望很高，并热衷于公众活动。甘地希望认识更多的印度人，借以了解他们的困境。于是，在哈齐汗家里，甘地召集了一次大会，邀请在比勒陀利亚的所有印度人参加。

既然商人居多，甘地便以生意的诚信为突破口，开始了他的第一次公开演讲。

"我们不注意环境卫生，不讲诚实，是使印侨遭人鄙视的重要原因之一。因此，我们必须注意这些问题，时刻记住自己是印度人，代表印度。"

甘地的讲话真诚而不做作，同时又结合了自己的亲身经历，有理有据，显得很有说服力。演讲得到了大多数人的认可。

最后，大会在甘地的倡议下成立了一个协会，作为印侨的代言人与当局交涉，从而提高印度侨胞的地位。从那以后，定期集会便成了惯例，大家都在集会上积极发言，交换意见。

随着时间的推移和集会次数的增多，当地印度侨民的觉悟也逐渐提高，大家也更加团结一致，这大大有助于提高南非印侨的觉悟，增强了团结斗争的勇气与信心，也为甘地下一步的斗争提供了基础。可以说，自此以后，甘地便开始走上了带领群众自觉进行反种族歧视斗争的道路。

集会的工作只在业余时间进行，甘地并没有忘记自己此行的具体使命。

这宗大案错综复杂，而且双方为打赢这场官司都聘请了最有才能的律师和法律顾问。甘地的主要任务是准备有力的证据。因此，他所翻阅的卷宗是最多的，而且也最为全面地掌握了事情的来龙去脉。甘地渐渐发现，无论其中的哪一方胜诉，结果都不能尽如人意。因为这一漫长的诉讼已经耗费了太多的人力、物力和财力，双方都已经精疲力竭，得不偿失。甘地认为，最好的方式就是双方和解。

于是，甘地凭借着与两人的交情，一再向原告、被告晓以利害。最终，双方达成了和解意向，从而令这宗复杂的官司得到了圆满的解决。

官司结束后，甘地来南非的使命也就完成了。就在他动身准备回国之际，另一个重要的使命又改变了他的命运。

第四章　联合印度侨胞

我们必须学会尊敬别人，不是因为他们有着怎样的价值，而是因他们是人。

——甘地

（一）

甘地在南非的使命完成后，他立即从比勒陀利亚赶回德班，并准备启程回国。阿布杜拉执意要为甘地举行饯别宴会。

在饯别会上，大家都畅所欲言。这时，甘地突然想起今天在报上看到的一则"印度人选举权"的新闻，谈到当时立法议会正在讨论的法案，企图剥夺印度人选举纳塔尔立法议会议员的权利。甘地就向阿布杜拉打听此事，商人表示了他的无奈：

"这些事情我们能懂什么呢？我们只懂那些关系到我们生意的事情。况且我们都是些不中用的人，没受过什么教育，看报纸一般只为弄清当天的行情，懂什么立法不立法呢？我们最好的信息来源就算是这里的律师了。"

甘地感觉到事态的严重性，于是对大家说：

"这个法案如果通过而成为法律的话，那我们的处境就会更加艰难，这是钉入我们棺材的第一枚钉子，它打中了我们自尊心的根蒂。"

这些印度商人又何尝不知道事态的严重性？只是缺乏这么一个有魄力和威望的人来指挥大家。而甘地的出现，正好打消了大家的顾虑。他们纷纷将选举权内幕和盘托出，并真心挽留甘地再多住一个月，带领他们进行抗争，同时承诺会承担甘地在这里的一切费用。

大家的热情打动了甘地，他答应延缓归期，留下来帮忙解决印度人选举权的问题。不过，他不想让大家支付昂贵的律师费，只希望保有基本的活动经费和生活保障即可。

会议的地点很快确定在阿布杜拉家中，邀请了所有能召集来的印度侨胞。不仅如此，在当地出生的信奉基督教的印度青年也来到了这里。不管是富商大贾，还是一般的职员，所有人都主动登记为志愿者。会议也举行得气氛热烈，大家都放弃了年龄、宗教等种种成见，愿意一起为争取印度人的权利而战。

甘地在会上做了简要的说明，并立即给纳塔尔立法议会议长发去电报，要求他延期复议。同样的电报也发给了当时的南非总理约翰·鲁宾逊爵士和达达·阿布杜拉的朋友、内阁阁员艾斯埃比先生。议长的答复是：将该法案推迟两天考虑。

甘地等人立即拟好了请愿书，连夜誊写数份并亲自到民众门前找人签名。干练的甘地还派人送了一份给当地的各新闻单位和议会。新闻单位很快刊登了这份请愿书，并引起了强烈的反响。虽然法案还是被通过了，但大家的信心却更足了。

他们准备做一份大请愿书送到英国殖民地事务大臣里朋勋爵那里。这份请愿书由甘地负责起草。他利用自己渊博的知识和雄辩的说服力，旁征博引，以大量的事实作为依据，说明了印度人在纳塔尔应该享有选举权。

不到半个月，附有一万多人签名的请愿书便送到了里朋勋爵那里，同时被复印的900多份请愿书也出现在各个报馆的办公桌上。

一时之间，舆论哗然，反响强烈。《印度时报》支持了甘地的观点，并配发了本社社论。伦敦的《泰晤士报》也予以支持，里朋勋爵并没有做出回应，但这已经不是最重要的了，甘地和他的同道中人明白：斗争还要继续和持久下去。

甘地选择定居在纳塔尔。在朋友们的帮助下，他租下了一处房子，并购置了简单的家什，准备开办律师事务所。这时已经有20多位商人想聘请他担任法律顾问了。

但在纳塔尔高等法院申请律师资格并不顺利。在这之前，甘地曾在孟买高等法院申请并获得了注册律师资格，他的英文证书已交存到孟买高等法院备案。这次申请时，只要附上两份品行证书即可。申请书通常通过律师递上去，但如果由警察长直接递上去，还可以免收费用。甘地请当地的警察长、阿布杜拉公司的法律顾问艾斯埃比先生替他递交了申请书。

法律协会都是由欧洲人组成的，他们反对甘地的申请，理由是他的申请没有附上英文证书原件。其实这都是借口，真正原因在于欧洲人担心有色人种涉足法律界会令他们失去在纳塔尔经济上的垄断地位。为了挫败甘地，律师协会还聘请了一位杰出的律师来支持他们。

这位律师与阿布杜拉的公司有关系，他主动约见甘地，并建议甘地找到他的同乡阿布杜拉替他出具品行证书。

甘地接受了律师的建议。经过一番周折，最高法院最终接受了甘地的申请。登记注册并例行宣誓后，首席法官要求甘地摘下他的印度缠巾，这一次甘地照办了，但他的许多同胞，包括阿布杜拉对此却颇有看法。但甘地认为这样做并非屈服，而是为了保存实力，以应付后面更艰巨的斗争。

在这里，甘地成为第一个"有色人种"的高等法院律师，他将继续为争取南非印度侨胞的利益而努力。

（二）

1894年5月22日，在甘地的组织下，南非印度侨民的第一个政治团体——纳塔尔印度人大会成立了。

阿布杜拉的家自然成了开会的最佳场所。印度侨胞都情绪高昂，讨论气氛热烈，很快就讨论通过了大会会章。为了大会能顺利地按时召开，规定会费为每月5先令，经济状况较好的人可以多交。甘地身先士卒月交1英镑，阿布杜拉也当仁不让地月交2英镑，大家也纷纷慷慨解囊。

甘地被委任为大会秘书，会费的杂事自然落在了他的头上。他善于理财且计划性强的特点再次帮了他的大忙。他将月费制改为年会制，大大节省了人力，并有效地遏制了拖欠会费的问题。

通过同南非印度人的广泛接触，甘地发现印度侨生与侨胞不相往来的现象十分严重。在成立大会之后，他积极鼓励当地出生的印度人与侨胞接触，并成立了侨生印度人教育协会，启发他们的思想，帮助他们解决实际困难，还定期举行辩论会，让各种思想在日光下交锋。此外，他还利用会费设立了小型图书室，将所有的印度人都团结起来，拧成一股绳。

此间，甘地还撰写了两本小册子：《向南非的每一个英国人呼吁》《印度人的选举权——一个呼吁》。在撰写过程中，甘地也逐渐意识到自己文笔的犀利，他用大量事实和具有说服力的言辞让更多的人了解纳塔尔印度人的现状，为南非印度人赢得了大量的同情者与支持者。

随着组织经验的不断增加，甘地考虑到，要想扩大大会的影响力，就需要吸收到印度侨胞的底层，即非技术工人和契约劳工的入会，这样才能让纳塔尔印度人大会拥有更加牢固的群众基础。但是，高昂的会费让他们都不能加入。而要真正取得他们的依附，就只有真诚地为他们服务。

正当甘地在苦苦寻找时机时，一个好机会主动送上门来了。

一次，一个名叫巴拉宋达朗的泰米尔人找到甘地。他当时在德班的一个欧洲人家里做工，主人经常对他发脾气，这次居然还打掉了他的两颗门牙。

甘地看到这个满口流血、衣衫褴褛的同胞，决定要为他讨回公道。

甘地将巴拉宋达朗送到一个白人医生那里治伤，并要求医生出具受伤证明，然后他又找到县长，递交了他的起诉书。县长立即传讯了那位欧洲雇主。

当地法律规定：契约工人并非自由身，无权解除与雇主的关系，除非主人将他转给别人。甘地想为巴拉宋达朗争取到起码的利益，因为按照当时的法律，如果契约工人擅离职守，他会被告到刑事法庭上去。

于是，甘地亲自前去拜访了那位雇主，说服他同意将契约转给别人，然后他又在自己仅有的几位欧洲朋友当中找到了一位愿意接收巴拉宋达朗的新雇主。

巴拉宋达朗首次见到甘地时，手里拿着头巾，这件事让甘地分外伤感。因为严苛的歧视政策让那些同胞随时都保持着手里拿着头巾的习惯。而首次见到甘地的巴拉宋达朗以为也应该这样做。

"亲爱的朋友，请缠上你的头巾。"

当听到这久违的话语，巴拉宋达朗虽然动作迟疑，但他的欢喜之情已不能掩饰地溢于言表。

事情顺利解决了，这个伸张正义的律师的义举很快在契约工人间传播开来。从那以后，那些"又惊又喜"的契约工人不论遇到什么困难都会来到甘地的律师事务所，向他讲述他们的喜怒哀乐，甘地也借此对南非的印度劳工有了进一步的接触和了解。

（三）

巴拉宋达朗的事情刚处理完没多久，一桩更严重的事件发生了。

1894年，纳塔尔政府决定对印度契约劳工征收25英镑的年税。这些可怜的契约工人哪负担得起这样的费用？

为了取得英印政府同意，纳塔尔政府已派员前往印度。得到该消息的甘地大为震惊，立即将此事提交纳塔尔大会讨论。

大会决定组织必要的反抗，并利用舆论向英国殖民政府和南非纳塔尔政府施加压力。最后，印度总督额尔金勋爵不同意征收25英镑的年税，只同意收3英镑的人头税。

不过，这只是在名义上减轻了赋税。如果按照一个四口之家来计算的话，税费并没有改善多少。针对契约劳工的实际承受能力，这种加收3英镑人头税的做法也是相当残酷的。

为了维护印度契约工人的利益，甘地一直致力于从根本上取消这种苛捐杂税。事实上，一直到20年以后，经过侨团和南非全体印侨的共同努力，3英镑的人头税才最终被取消。

经过3年的不懈努力，甘地已经在南非印度人中建立了良好的声誉。因此1896年时，甘地决定回国一趟。他想把妻儿接到身边，这样他就可以没有后顾之忧地开展工作了。同时，他也想借此机会回国认识一些人，以便引起国内公众对南非印度人的注意。

因此，甘地将大会事务托付给阿丹吉·米耶汗和巴希·罗斯敦济以及他值得信赖的同伴之后，登上了开往印度的航船。

回印度的航程也是很愉快的，甘地的真诚和直率打动了船长，他们很快就成了朋友。在24天的航程中，甘地也开始学习乌尔都语和泰米尔文。同行的医生还送给甘地一本《泰米尔文无师自通》，甘地立即学习起来。他觉得通过语言的学习来拉近与印度各派别之间的距离会是个不错的开始。

一个风和日丽的下午，甘地平安抵达孟买。随后，他从孟买坐车回到拉杰科德的家中。在家里，甘地花了一个多月的时间撰写一本《绿皮书》，勾画了一幅南非印度人被压抑欺辱的景象。

《先驱报》首先就这本小册子发表了社论，路透社经过摘要夸大后发到英国，又由伦敦摘发到纳塔尔，同时每家报纸都对这个问题大加评论，一时引起轰动。

夸大宣传一向是报纸增加销量的手段之一，甘地也比较理解，但这件在当时看似平淡无奇的小事却在日后引起了轩然大波。

留居拉杰科德期间，孟买发生了瘟疫，责任心颇重的甘地便向政府报名参与防疫委员会的工作。

他强调厕所的卫生尤为重要，然后跟随委员会的同事挨家挨户地检查，调查结果却出人意料。甘地发现，通常富人家的厕所卫生最为堪忧，而他们却根本就不自知。

在调查不可接触的"贱民"地区时，由于种族和宗教等关系，没人愿意去那里。在甘地的劝说下，只有一个人愿意同他一起前往，不过调查结果还是让甘地欣慰不已。

在拉杰科德期间，为了唤起公众舆论对南非的注意，甘地还举行了一系列的拜访活动。

他首先去孟买拜见了被称为"孟买之狮"的费罗泽夏·梅赫达爵士。梅赫达爵士慷慨地答应帮助甘地，并派自己的秘书选定集会的日子和地点。

集会的当天，参加的群众将礼堂挤得水泄不通，甘地既兴奋又有些胆怯，他声音颤抖而微弱地发言。在群众的呼声中，华恰先生代表甘地慷慨激昂地演说下去，甘地也赢得了更多人的关注。

随后，甘地又在梅赫达爵士的帮助下，拜见了国大党激进派领袖罗卡曼尼亚·提拉克。这位和蔼可亲的长者告诉甘地需要聘请一位无党派人士来担任主席。接着，甘地又去拜见了国大党温和派的领袖戈克利。从此，戈克利成为甘地终身的导师和朋友，两人一见如故，戈克利还给了甘地很多实际的指导。

最后，甘地又去拜访了那位似乎已息影政坛，专心做学问的无党派人士潘达卡博士。

潘达卡博士是一位德高望重的人士，对一般的政治活动他都会拒绝参加，但与甘地的会面却让他非常高兴。他很欣赏甘地为南非人民所作出的努力，答应担任由提拉克与戈克利联名举行的大会主席。

接着，甘地便赶往马德拉斯参加集会，他的名声已经在那里受到了狂热的欢迎。在欢迎会上，甘地发表了一篇讲话，还宣传了他的关于南非印度人状况的小册子，小册子很快便被抢购一空。

在马德拉斯，甘地结交了《马德拉斯晚报》的主编格·巴罗梅斯朗·皮莱先生，以及《印度教徒报》的格·苏伯罗曼尼安博士，这为他日后的宣传打下了基础。

在马德拉斯的关系建立之后，甘地又马不停蹄地来到加尔各答。加尔各答的大报《英吉利人报》的主编宋德斯先生将甘地视若知己。

工作还没有准备停当，南非的召唤便来了。

为了赶回去参加1897年1月的纳塔尔立法会议，甘地携着妻儿和已丧父的外甥搭乘阿布杜拉公司新购进的"科兰"号汽船第二次远渡南非。

第五章 第一次入狱

地球上提供给我们的物质财富足以满足每个人的需求，但不足以满足每个人的贪欲。

——甘地

（一）

阿布杜拉公司新购置了两艘船，"科兰"号和"纳德利"号。两条船共有800余名乘客，其中有一半人要到德兰士瓦。因为船是从当时正流行鼠疫的孟买起航的，于是当局便以此为由，对船上的人进行隔离观察。其实真正的原因，则是由于甘地在印度时所写的那本《绿皮书》被肆意夸大，传到了纳塔尔。此时，又恰逢有另外两大船的印度人前来，于是就传言甘地特意带来了两船印度人到这里定居。纳塔尔当局深感恐惧，便想出这样一个办法，不允许船靠岸。

每一条船都得升起一面黄旗，经医生检验证明船上乘客都健康后才能下旗。此时，乘客的亲友才可以上船相迎。依照医生的意见，鼠疫病菌最长可以生存23天，因此两艘船只能停在那里等待23天的时限来临方能解禁。当局想通过对乘客进行威胁恐吓，强迫乘客返回印度。

乘客们自然是不同意的，但当局也不允许船靠岸。就这样，紧张的对峙展开了。

甘地的白人朋友和阿布杜拉公司在岸上帮忙斡旋，并且每天都把岸上的最新消息写信告诉甘地。白种人每天都在开会，想尽办法恫吓乘客，还声称如果他们让这两条船返回印度，他们可以赔偿达达·阿布杜拉公司的损失。

不过，他们的阴谋并未得逞，因为阿布杜拉是不会为这点利益所动的，他还聘请了律师劳顿先生谴责当地白种人的这种无耻行为。

来自印度各地的乘客也和甘地抱成一团，他们每天在船上举行各种各样的娱乐活动，以积极乐观的心态迎接这一挑战。大家亲如一家，相互扶持。面对"如果你们不回去，一定会被抛到海里去，但如果你们愿意回去，你们还可以收回路费"的恐吓置之度外；"如果想要逃命，就只有屈服"的最后通牒，也没有驱散乘客们的决心。

甘地作为乘客的代表，给当局的答复是：我们有在纳塔尔港口登陆的权利，而且我们会不惜任何代价进入纳塔尔。

23天的期限已满，1月13日，当局依然毫无办法，只好让这两条船入港。这一消息振奋人心，全船为之沸腾。人们陆陆续续登岸，相互告别。

当局的这一举动让那些自视甚高的白人相当不满，他们甚至聚集起来游行。这天上午8点，2000多名白人在港口示威，将矛头直指甘地。警察局长有维护的义务，因此艾斯坎比先生采取了迂回的方式处理此事。他一方面通知甘地黄昏时再上岸，另一方面积极疏导游行群众，使人群大多散去。

为表示自己不畏惧暴力，甘地让妻子和孩子们坐车先走，自己则和阿布杜拉公司的法律顾问劳顿先生一起于薄暮时分徒步上岸。不巧，一帮白人青年很快就认出了甘地，并围了上来。劳顿先生迅速叫来车夫，但已无济于事。石块、砖头一齐向甘地砸过去。正当大家准备对甘地拳脚相加之际，一名勇敢的白人妇女挡在了甘地前面，她是甘地的朋友罗斯敦济的妻子。

就这样，甘地被护送到了罗斯敦济的住所。但事情并没有结束，醒悟过来的人们立刻又跟了过来，将罗斯敦济的房子团团围住，还高喊着要活捉和吊死甘地。艾斯坎比警长也赶到了，他劝甘地说：

"如果你不想让朋友的房子被洗劫，最好赶快离开这里。"

在这位聪明的警长的帮助下，甘地乔装打扮，由两个人护送着逃出了这所房子。

当时，英国殖民地事务大臣张伯伦先生得知此事后，出于责任，立即电告纳塔尔政府严惩肇事者。南非当局派内阁阁员、警长艾斯坎比先生出面处理此事。他对甘地表示歉意，并表明要严惩凶手的决心。

甘地感谢这位警长的营救，并说：

"我并不打算控告任何人，虽然我能够认出其中的一两个人，对他们加以处分又有什么用呢？况且我也不怪那些闹事的人，他们听信谣言，以为我在印度言过其实，诽谤了纳塔尔的白种人……我相信一旦真相大白，人们就会懊悔自己的冒失的。"

聪明的警长马上让甘地写了一份书面声明，自己拿回去交差了。

在甘地上岸的第二天，《纳塔尔广告报》的记者找到了他。甘地在接受采访时，将他在印度所作报告的讲稿及所写文章的副本一并交给记者，并指明自己的清白无辜。

文章很快刊发出去，而清白无辜的甘地也很快赢得了比以前更好的声誉，而德班的欧洲人都惭愧不已。

1899年10月10日，英布战争爆发，甘地此时仍然对英国政府充满敬意。他召集了300名印度人，组成了一支救护队赶赴前线参战。战争结束后，甘地领导的印度救护队因出色地完成了救护任务，得到了英国报界的一致赞扬。由此，甘地也获得了新的经验。

（二）

时光荏苒，甘地在南非一待就是6年。考虑到南非的工作已经打开了局面，甘地想将自己的工作重心转向印度国内；加之印度的朋友也催他回国，因此甘地决定离开这块他生活战斗了6年多的土地。

带着对南非印侨的无限眷念，留下"如果需要随时回来"的承诺，1901年12月，甘地携家人踏上了归途，在孟买登陆。

恰逢此时，全印度民族主义政治组织国大党第17届全国代表大会在加尔各答举行。会议由丁绍·华恰先生主持。华恰先生曾与甘地有过一面之缘，这个双目有神的小伙子身上所包含的服务精神和为南非印度侨胞跑前跑后的热情深深吸引了他。

这一次，甘地恰好和华恰先生及鼎鼎大名的梅赫达爵士乘同一列火车前往加尔各答赴会。于是，甘地就打算把南非的情况告诉华恰和梅赫达爵士。

可是甘地说完后，梅赫达爵士却一脸无奈地说：

"看起来似乎帮不了你多少忙。当然，我们愿意通过你提出的议案，但我们在国内又有什么权利呢？我相信，如果我们在自己的国家里没有政权，你们在殖民地的人也不会受到什么好的待遇。"

甘地感到十分惊讶，上次见到的那个朝气蓬勃、满脸热忱的梅赫达爵士不见了，此刻在他脸上的却是失望和无可奈何的表情。

华恰先生赶紧看了甘地一眼，然后安慰他说：

"当然，你的决议书会放到我桌上的。"

这算是鼓励，甘地已经心满意足了。一起坐了一站后，他便与他们告别了。

甘地希望自己能为国大党出一份力，于是下车后立即前往国大党加尔各答办事处服务。在这里，他很快就见到了大会的秘书戈沙尔先生。但戈沙尔并不认识甘地，他抬头瞟了一眼这个身材矮小其貌不扬的小伙子，笑着说：

"我只能给你一些文书工作，你能做吗？"

"好的。"甘地回答说，"我到这里来什么事都做，只要我能做得了。"

"这倒是一种应有的精神！"戈沙尔赞赏道。然后，他转头对身边的义务工作人员说：

"你们听见这个小伙子讲的话了吗？"

接着，他又转过头来给甘地交代工作：

"你瞧，这里有一大堆信要处理，你需要把这些信件都看一遍，凡是你能答复的都一一答复好了；凡是需要考虑再答复的，你就交给我。好了，开始吧。"

甘地十分愉快地接受了这份工作，这对他来说简直轻而易举，因此甘地很快就处理完了，将文件交给戈沙尔。

戈沙尔很满意，与甘地聊了起来。戈沙尔是个相当健谈的人，当他逐渐了解了甘地的经历之后，感到相当抱歉，称不该把文书的工作交给他。甘地幽默地安慰他说：

"别多心了，我在你面前算得了什么呢？你为大会忙碌得头发都白了，而且也是我的长辈。我不过是一个没有经验的青年。你这样信任我，把这件工作交给我来做，实在已经让我感激不已了。我正想为大会做一点工作，你给了我难得的机会，使我得以了解到大会的详细情况。"

戈沙尔更加喜欢这个热情的小伙子了。

两天的预会时间让甘地与戈克利、提拉克、班拉吉等国大党元老广泛接触。戈克利注重实干的精神感染了甘地，甘地和华恰先生的友谊也进一步加深，并得到了"富有活力"的评语。

尽管有所准备，但甘地还是被那天的气势所震撼了，他所崇敬的那些国大党的元老们悉数参加了会议。戈克利先生已经看过甘地的提案了。在会议的间隙，甘地悄悄走到戈克利的位子低声请他帮忙，戈克利说：

"你的提案一直在我心里，我不会让你的提案轻轻放过的。"

开会的议程相当漫长，而且每个提案的发言都相当冗长，有人还要加以支持和讨论。已经接近午夜时分，甘地还没有听到自己的提案，他越来越不安起来。

这时，梅赫达爵士问：

"我们已经完事了吗？"

"不，还有关于南非的提案呢。"戈克利郑重地说。

"你看过他的提案吗？"梅赫达爵士问道。

"当然。"

"你认为怎样？"

"很好。"

"那么，提出来吧，甘地。"

在热情的掌声中，甘地颤抖地走上讲台，开始宣读他的提案《代表南非印侨的呼吁》，戈克利帮忙附议。

接着，所有人都举起手来。听到华恰先生"一致通过"的话语，甘地还如坠云雾。

就这样，甘地的这篇议案获得了一致通过。

大会闭幕后，甘地便应戈克利的邀请去他家中常住。在那里，甘地认识了很多重要的人物。随后，甘地决定乘坐火车游历印度各地，以便熟悉和了解印度的国情。

这样的经历并不愉快，但却让甘地终生难忘。他形容三等车厢就像一个令人恶心的大痰盂，旅客们就像羊群一样被对待，而铁路当局对此根本就漠不关心，旅客自己也麻木不仁。甘地认为，解决这个问题的最好方式就是让受过教育的人都来坐三等车厢，他想用自己的微薄之力来一点点地改变这一现状。从那以后，甘地便一直乘坐三等车厢，直至16年后的大病。

（三）

甘地的游历告一段落后，戈克利便急切地要求他在孟买定居下来，一方面可以执行律师业务，同时也能协助他从事公众工作。但早年在这里的失败和痛苦的经历让甘地拒绝了戈克利的建议，决定先在拉杰科德开始工作。

甘地最初也感到很烦恼，对在拉杰科德开展律师业务缺乏信心，直到受理的三个案子胜诉后，他的心中才渐渐又激起希望，打算前往孟买创业。

两周后，甘地动身到孟买开办了一家律师事务所。刚搬进事务所，次子曼尼拉尔便染上了严重的伤寒。当时曼尼拉尔年仅10岁，前几年还差点因患天花而死去。对这个多灾多难的儿子，甘地忧心如焚。

医生告诉甘地吃药的作用不大，建议他给儿子吃鸡蛋和鸡汤，但甘地拒绝了。他认为，这是有违素食信仰的。信仰就是生命，即便心爱的儿子眼下生命垂危，他也不想改变信仰。

为了兼顾信仰与儿子的生命，甘地决定冒险试一试偶然学到的水疗法，每天给曼尼拉尔进行坐浴，且接连三天不断给他喝掺水的桔汁。

开始时毫无效果，曼尼拉尔的病情日渐加重，甘地也一度想要放弃。但他最终还是坚持下来了，而奇迹也终于出现了，曼尼拉尔的病居然逐渐好了起来。以后，他成了甘地的孩子当中最健康的一个。

就在此时，南非的再一次召唤又打破了甘地在孟买的创业计划。

当时，英国人在南非成立了一个亚洲人事务部，专门对付印度人。正好此时英国殖民大臣张伯伦要访问南非，当地侨团希望甘地能利用这次机会为他们争得一些权益。

为了帮助更多的人，甘地再次重返南非，并准备去会见这位事务大臣张伯伦。

但与张伯伦的会晤却让甘地非常失望。因为张伯伦此来是接受3500万镑的礼物，并争取英国人和波耳人的民心的，对印度人的疾苦并不关心。他用十分直率的方式回绝了甘地。

"你知道，帝国政府对自治领是没有什么控制的。你们的疾苦看来是确实的，我将尽我的力量帮助你们，但如果你们想生活在欧洲人中间，你们就得尽可能地与他们友好相处。"

在此之前，甘地一直想通过自己的效忠来换得英王的开恩，可现在张伯伦用文雅而直率的方式告诉他强权政治的逻辑。这意味着，此后将有更加艰苦的斗争在等着他们。

甘地并没有气馁，1903年1月1日，甘地从德班赶到比勒陀利亚，在那里搜集资料，写成备忘录，准备提交张伯伦。但亚洲人事务部的人从中作梗，使甘地未能如愿地见到张伯伦。虽然另一名律师代替了甘地，但会见也没有取得预想的效果。

甘地意识到这里需要他，以后的麻烦会越来越多，于是决定留下来成立律师事务所，地点选在约翰内斯堡，因为这里是管理亚洲人官员的据点。这些官员都唯利是图，以敲诈勒索为业。

律师事务所刚一开业，便有人上门诉说所遭受的不公正待遇了。甘地觉得自己有一种责任，要出来主持公道。他开始广泛搜集证据，待到材料充足，他便去找警察局长。甘地的指控经过一些周折后，最终取得了一定成效，两名穷凶极恶的官员被革除公职。

与此同时，甘地的人生观也发生了变化。他深刻地了解并更加信服印度教，开始系统地阅读《瑜珈经》《薄伽梵歌》这些经典著作，并以身实践对"不占有"和"平等"的理解。对此，他写信给哥哥，放弃了原准备投入的1万卢比人寿保险，预备将所有积蓄都投入到印度侨胞的公益事业中去。哥哥虽然气愤不已，但最终还是接受了甘地的做法。

俭朴和素食此时已成为甘地个人生活实践的主旋律，他还尝试采用自然疗法和土疗法治疗一些疾病。当收到一定疗效的时候，甘地更是深信不疑。

他也更加积极地履行博爱、平等、一视同仁的为人处事原则，这也令他的朋友越来越多，而且打破了宗教、种族和年龄的限制，甚至仇恨他的人也对他有所改观。他谴责一个人的行为从来不针对那个人，而是针对那件事。他指出，针对个人不能因其行为的好坏而受到尊敬或怜恤，即"恶其罪而非恶其人"。甘地认为，这种"非暴力"便是追求真理的基础。

这些都是甘地庞杂思想的基础，也是他开始形成甘地学说的最初立足点。

1904年，《印度舆论》创刊，这个由甘地负责经营的杂志很快成为当地宣传"非暴力"思想的舞台。在报刊上，甘地以其严谨、求实的风格征服了众多的读者和批评家。

此间，约翰内斯堡的一个金矿发生了黑热病，有23人感染，甘地和他的朋友们勇敢地承担了这个救护责任。他们冒着被传染的危险进入疫区，经过努力，虽然只有两人得救，但及时的隔离却让疫情得到了有效控制。在市政厅火烧疫区之后，疫情最终得以消除。

此时的一本书又让甘地萌生了一个新的想法。这本书就是社会学家约翰·罗斯金所著的《给未来者言》。它里边的思想与甘地反复思考的想法不谋而合，还有许多新的想法让甘地茅塞顿开。甘地逐渐从中提炼出精华部分，并决定加以实践。

（四）

甘地想开辟一个农场，开启"劳动而有价值的"生活。他勾勒出一幅理想的图景：任何农场的人，无论地位和职业如何，都必须劳动，并且每月一律支取3英磅的基本生活费。

他的提议得到了朋友韦斯特先生的全力支持。很快，他们便筹措了1000英镑的资金，并征购了一块8万多平方千米的土地，这个地方名叫凤凰村。

甘地和他的朋友们开始开拓这块荒地，然后将《印度舆论》也搬到那里。在几个志同道合的朋友的帮助下，一间长约23米、宽约15米的印刷厂也盖起来了。接着，《印度舆论》便按计划正常出刊。

为了使大家都能靠体力劳动维持生活，每块土地都按12140平方米平均分给个人，甘地也得到了一块，他还在这里盖起了铁片房子。甘地想将他的那种没有阶级压迫、自食其力的理想在这里得以实践。

然而，约翰内斯堡的律师业务仍然需要他去处理。房子还没有盖好，甘地便不得不重操旧业。此时，甘地的家眷也再一次来到南非支持他的事业。

甘地深信言传身教的家庭教育至关重要，在工作之余，他亲自教孩子们功课，并且身体力行地以培养孩子们的民族认同感为主。体能训练也是他的重点，而将技能方面的教育排在后边。但由于他常常诸事缠身，并没有太多的时间给孩子们以语言和文化技能方面的训练。因此多年后，每每谈起孩子们的教育，甘地都有些遗憾。

1906年4月，南非发生了所谓的祖鲁人叛乱。甘地对祖鲁人并没有私怨，祖鲁人也不曾伤害过印度人。可以说，甘地当时对叛乱本身是持怀疑态度的。但甘地对大英帝国的存在有益于世界这种思想一直都深信不疑，所以他再次向纳塔尔省督请缨，表示想组织一个印度救护队，为英帝国效力。

甘地的献议很快得到准许，他立即解散了约翰内斯堡的大家庭，把家眷安置在凤凰村，自己则前往德班去征集队员。很快，甘地就招到了24位志愿队员，大家都换上军服，立即开赴前线。

到达"叛乱"区后，甘地才发现，所谓的叛乱其实就是一种抗税行动，他因此转而同情祖鲁人。当他得知救护队的主要使命就是救护祖鲁人伤员时，心中感到一丝安慰。

对祖鲁人"叛乱"的耳闻目睹让甘地大开眼界，他亲眼看到白人是如何残忍地对待这些可怜的人，"他们鞭打他们，却不愿救治他们的伤患，也不乐意印度救护队来照顾他们"。他认为，"这不是战争，而是一种对人的狩猎"。

祖鲁人叛乱平息后，甘地又回到凤凰村，继续以前的梦想。

1906年8月22日，德兰士瓦官方报公布了亚细亚法草案，该法案规定：

"所有年满8岁的印度人必须在警察局户籍簿上注册登记，领取带有个人手印的特别身份证。如不按期登记者，将被处以100镑罚款或3

个月拘役或被驱逐出境；上述居留证必须随身携带，供随时检验。"

这是世界上绝无仅有的对付自由人的法案，《印度舆论》上很快便出现了甘地的谴责文章。甘地召集印侨知名人士商议对策，大家一致认为应该采取公开抗议的措施。

请愿没有丝毫作用，9月11日，由3000人出席的印侨代表大会召开了，会上通过了著名的第4号决议案，甘地在会上发表鼓舞人心地讲话：

"只有一条出路，即反抗到底，直至牺牲，而决不屈服于这种歧视。"

这一庄严的宣誓更加增强了大家反抗到底的决心。

法案不出意外地通过了，由于德兰士瓦隶属英国，甘地便赶赴伦敦去游说。他的温文尔雅和雄辩的口才博得了英国各界人士的喜爱，支持和同情之声连绵不绝。时任英国首相的坎贝尔·班纳曼还接见了这位勇敢的南非印侨代表。首相建议下院召集印度事务委员会各委员约百余人举行了一次座谈会，甘地也被邀请参加。英国的各大报纸《泰晤士报》《每日新闻》《论坛报》《导报》等，也都纷纷发表评论文章支持甘地。

由于舆论和来自英国各方面的压力，事情暂时得到了缓解。但是，暂时的胜利实在短暂，同年的12月6日，德兰士瓦与奥兰治获得自治权，并顺利通过了该决议。决议刚一通过，德兰士瓦当局便发布政令：所有印侨限于1907年7月31日以前前往登记。

甘地和印侨决定发动群众之力来进行反抗。随后，甘地成立了一个"消极抵抗协会"，并不断举行集会，每次集会都是先讲解时局，然后大家宣誓消极抵抗。

不过，"消极抵抗"是临时想出来的，甘地对此并不满意，但一时之间也没有其他的好办法。于是，甘地就在《印度舆论》上悬赏，征求以印度语名称代替英语。莫干拉尔·甘地提出了"萨蒂亚格拉哈",这是印度语"坚持真理"之意,颇得甘地喜爱。自此,这一场"由真理与爱及非暴力所产生的力量"的运动广泛开展开来。

7月31日当天,甘地又在比勒陀利亚举行了一次印侨群众大会。大会声势浩大,2000多名群众聚集在清真寺广场前示威抗议。甘地在大会上发表了讲话,继续鼓舞大家的士气。

印侨群众大会影响广泛,直至11月30日,仅有500名印度同胞前往德兰士瓦当局履行登记。

因为这一时间,甘地在当地的警察局也是榜上有名。12月27日,警察局通知甘地前往警察署。第二天,法庭便以无证居留德兰士瓦的罪名将甘地拘捕,并对他提起公诉。甘地仍然不屈服,结果被送往约翰内斯堡监狱。

这是甘地第一次入狱。此后,他便成了监狱的常客。

甘地小时候非常淘气，有一段时间甚至相当叛逆，他常常偷偷地吸烟，偷佣人的钱，有一次甚至为了帮助哥哥还钱，把哥哥手镯上的金子取下来卖钱。这些行为在虔诚的印度教徒那里是不被允许的。父亲知道后，并没有责怪他，只是满脸泪痕地看着甘地。这让甘地深觉愧疚，下决心再也不做那些违背道德的事了。父亲病逝后，只留下一张字条给他，写着："一个诚实、自力更生的人，才是一个有出息的人。"甘地泪如雨下。

第六章　为印度继续战斗

手段的不纯洁必然导致目的的不纯洁。

——甘地

（一）

甘地的入狱激起了印度侨胞的怒火，此后，不断有人因为非暴力抵抗而入狱。他们来自印度各地，包括不同的宗教信仰与不同阶级的印侨。

在狱中，甘地仍然坚持进行斗争。他看到很多不平等现象，如犯人只能吃面糊；白人可以有床有牙膏有毛巾，印侨和华侨都没有。他利用雄辩的口才和对法律的谙熟迫使监狱改善了伙食，并且允许有色人种同白人待遇相同，甚至囚室内还有了书桌和少量的书籍。

由于因非暴力入狱的人越来越多和外界舆论的压力，英国政府曾一再召集内阁会议，并派来史末资将军作为代表与甘地谈判。经过交涉，双方达成一项谅解协议。甘地答应去登记，史末资则保证修改"黑法"。

重获自由的甘地当晚便直奔纽敦伊斯兰教清真寺。午夜时分，他就组织起了一次群众演讲会，鼓动人们自愿去登记。

　　天亮之前，他又赶回狱中，迎接他的战友们出狱。当他和其他印侨走出监狱大门的时候，雷鸣般的掌声和欢呼声响彻天际。

　　1908年2月10日，甘地信守承诺，与他的同志们离开非暴力抵抗运动总部，出发前往印侨登记处注册。面对甘地的"出尔反尔"，很多印度同胞不理解，甚至以为他是欺世盗名的骗子。很多帕西族人聚在门口等待，领头的米尔·阿兰见到甘地说：

　　"听说你得了15000镑，把我们给出卖了，我们决不按手印，也不准任何人这样做。我敢对天发誓，有谁敢带头去登记，我一定要宰了他！"

　　甘地想解释，还没等开口，一记重拳已经打在他的额头上。一阵拳打脚踢之后，瘦小的甘地才被赶来的警察救下，紧急送往医院。但他并没有忘记自己的承诺："一定要领到第一张登记证。"他在床上把登记表一一填好后才算放心。

　　甘地还给警长打了电报，表明他对阿兰的行为不予追究，目击殴打甘地的欧洲人实在看不惯这种暴行，坚持要将阿兰治罪。最终，阿兰等人被判处了3个月的苦役。

　　5月9日，志愿登记的最后一天，已有8000名印侨申请登记，其中6000人获准。印度侨民已履行了诺言。然而，政府却背信弃义，史末资将军没有按照约定撤回"黑法"，而且还进一步采取了更加强硬的措施，规定新来的印侨或在限期以后申请注册的印侨均需依旧法办理。尽管甘地前去质问他，他仍然置若罔闻。

　　甘地这才明白，这是当局耍的政治把戏。他开始反击，并很快恢复了非暴力抵抗运动，还警告德兰士瓦政府：

　　如果亚细亚法不按先前谈判的协议予以撤回，并在一个明确的日期公诸于众，那么印侨所领到的注册证将当众焚毁。

　　新一轮的较量开始了。一夜之间，出现了众多的无证经营小贩。他们宁愿坐牢也拒绝缴纳罚金。被关押的人越来越多，以至于监狱里已经人满为患。

5月23日，甘地又组织了德兰士瓦的印度商人罢市。看到政府仍无动于衷，甘地又组织了一次规模盛大的群众集会。在群众的欢呼声中，甘地开始演讲，他将上次与史末资将军交涉的全过程详尽说明，并说：

"同胞们，假如有谁改变主意的，现在还来得及拿走你们的证件。但大家要知道，我们这样做，是要表示我们有毁弃证件的力量，和反抗'黑法'的决心，我希望大家三思而后行。"

人群中马上爆发出"反对黑法"的呐喊。2000多张注册证被当众投入火中，全场欢声雷动。印度侨胞的断然措施令南非政府极为难堪。

8月18日，史末资将军再次约见甘地。甘地迅速戳穿了政府的延缓战术，谈判破裂，焚烧登记证运动仍在如火如荼地进行着。

9月29日，南非政府再次拘捕甘地，同入狱的还有150名非暴力抵抗者。同时间，伦敦印侨举行集会，强烈抗议南非政府的卑鄙行径。

（二）

两个月的拘役很快地结束了，12月初，甘地刑满出狱。他正准备前往约翰内斯堡开展行动的时候，妻子卡斯图巴重病的消息传来。甘地拒绝了德班医生给患者饮用牛肉汤的建议，带领病重的夫人经过23千米的长途跋涉回到凤凰村。

在这里，甘地亲自采用水疗法悉心照顾妻子，但妻子所患的病相当顽固，甘地所深信的水疗法似乎并不能解决实际的问题。

卡斯图巴其实对甘地的治疗方法也没有太多的信心，但是，出于一个妻子对丈夫的爱，她只能以性命相托，这样的情谊自然不浅。

甘地尝试了所有能想到的办法，但都收效甚微。眼看妻子一天天憔悴下去，他又想起在一本书中看到，这种重病要戒绝盐和豆类。但卡斯图巴深爱豆类，她不同意丈夫的话，并且无论甘地如何引经据典她都不理会。

甘地最终没有办法，就恳切地说：

"如果我有病，医生劝我戒食这些或其他的东西，我一定毫不犹豫地听从。你瞧吧，哪怕没有医生的劝告，我决定一年不吃盐和豆类，不论你是否这样做。"

妻子听到丈夫这样说，很是心疼，她十分了解甘地说到做到的脾气，只好说：

"那好吧，你赢了。我答应戒食这些东西，但看在老天爷的份上，千万请你收回你许下的愿吧，这太使我难过了。"

但甘地并不打算收回他的话，妻子感动地留下泪来，说：

"你太倔强了，谁的话你都不听！"

就这样，两个人一起戒除食盐和豆类。没过久，卡斯图巴的病果然好了，身体又变得结实起来，很快就恢复了健康。

甘地也不清楚究竟是哪种方法起了作用，但他医病的名声却因此而广为远扬了。

1909年1月15日，甘地返回德兰士瓦时，又被当局以没有登记证为由拘捕。在此期间，因为没有登记证，甘地反复入狱、反复被驱逐，而他则以异乎寻常的精力与毅力坚持与德兰士瓦政府进行斗争。

此间，甘地又获知博瑟将军和史末资将军于6月中旬赴伦敦，与皇家政府商讨在南非成立联邦的前途问题，甘地也组成了一个代表团前往伦敦游说。

虽然甘地优雅的举止和言辞博得不少舆论的支持，但无奈史末资与博瑟两人先声夺人，英国政府也无意与甘地交涉，只得到一封措辞强硬的回信。甘地明白前途艰难，在归途的路上，经过不断思考和总结之前的斗争过程，写出一部3万字的书稿——《印度自治》。

全书用古吉拉特文写成，分12章，分别讨论了自治、文明、律师、医生、机器、教育、非暴力抵抗等问题，文字简洁，结构严谨。

甘地还在书中提出了自己独特的"自治"观，并痛定思痛地指出："印度起而争取自治是唯一的出路。"

《印度舆论》上连载了此书，获得一阵赞扬之声。随着甘地领导非暴力抵抗运动的影响力进一步扩大，甘地也赢得了更多的褒奖。国大党主席戈克利评价甘地：

"有着超人的精神力量，有着英雄烈士所具有的勇气和牺牲精神……他们所从事的斗争，不是为了他们自己，乃是为了我们祖国的光荣与前途。"

孟买国大党省党部提议以甘地为下届大会主席候选人，甘地谦虚地婉言拒绝了，他认为南非的斗争仍然需要他。

（三）

在1909年12月底举行的的国大党拉合尔全国大会上，戈克利向大会提交了一项有关南非问题的提案，甘地的名字首次出现于国大党的决议案中。此后，来自印度国内的支持源源不断地传来。

1910年5月30日，来自德国的建筑师朋友卡伦巴赫将他的农场捐献给甘地，对托尔斯泰乌托邦思想相当推崇的甘地将其命名为"托尔斯泰新村"。约4.45平方千米的面积足以组成一个比凤凰村更大的大家庭。

新村刚刚命名不久，那些支持甘地的非暴力抵抗者、家属们都陆续地搬了进来。这里俨然成为另一个凤凰村，成为印度同胞的庇护所和精神家园，大家一起过着辛勤劳作、自给自足、布衣素食、分工协作的田园般生活。

甘地想在这里提倡一种自制的能力，他选择了以绝食为手段。因为他认为，一个人若能克制那些与生俱来的欲望，才能放弃一切奢念，达到内心的平静和宽厚。所以，他常常同新村的人一起绝食，认为这样做是有益处的，大家可以相互鼓励。他认为，食欲与情欲相生相伴，如果能克制饮食，也就能克制情欲，并且要肉体和精神共同绝食才能达到效果，否则将前功尽弃。

托尔斯泰新村的种族是复杂的：既有穆斯林教徒，也有印度教徒，还有基督教徒和拜火教徒；既有老人，也有青年，还有小孩。因此，他们很快便为这些青年和儿童办了一所学校，并要求每个宗教的教徒都要遵守他们的宗教习俗。

甘地一直认为：只有与大家同苦难，才能成为一个好的带领者。秉持着"为真理必须使自己减为零"的理想，他完全放弃了律师业务，每月只领取3英镑的生活费，并将自己的全部积蓄都用于公益开支。

迫于舆论和外界的压力，1910年10月，英国政府致电南非联邦政府，敦促其废止1907年的第2号法令，并主张撤销种族歧视法。1911年2月25日，南非政府将新法案公诸于世。这项新法宣布废止1907年的第2号法令，对亚洲人的入境不采取直接拒绝方式，而是代以严格的教育考试。新法案换汤不换药，只是南非政府的变相应对之策而已。

甘地立即看出新法案的不公平之处，他继续与政策周旋，最后取得了一项临时协议。史末资答应德兰士瓦的印度人、中国人可以自由营业至少8个月，并且不再通过歧视性立法；印侨则暂停非暴力抵抗运动。

1911年6月1日，被拘捕的非暴力抵抗者全部获释。前来托尔斯泰新村里的眷属们也渐渐搬走，甘地将剩下的人迁回凤凰村，并在那里建立了托尔斯泰新村学校。

局势渐稳，1913年，甘地正准备回国，南非的抵抗运动又旁生枝节了。

（四）

虽然与甘地签署了临时协议，但南非当局又采取了一贯的拖延方式，迟迟未予执行。而此时一个案件的出现却让南非当局不得不与甘地再次正面交锋。

1912年，一个印籍居民想把家眷接到南非定居。当抵达南非的时候，移民当局却不准他的妻子登岸，勒令其返回印度。最高法院的裁决以移民局的利益优先。甘地虽多次呼吁，但并不见效。

1913年3月30日，甘地在约翰内斯堡举行群众大会，指出维护妇女的地位和印度婚姻法的合理性，南非印侨责无旁贷。

6月，南非政府当局的移民法正式通过，但却并没有将临时协议磋商的细节加入进去。甘地明白，这又是一场骗局。

9月13日，甘地在《印度舆论》上宣称，"与其休战僵持，不如公开作战。"

9月20日，甘地在《印度舆论》上又公开披露了行动计划，以期引起舆论的足够重视。这次斗争准备采取的主要方式是越境进入德兰士瓦，无照贸易或有照而不出示，获得被判入狱，并准备作长期抵抗。

9月25日，甘地等人非法进入德兰士瓦，同行4人均被捕，唯独甘地没事。27日，甘地进抵约翰内斯堡。次日，他就召开了群众大会并发表演讲。29日，数名非暴力抵抗者，包括甘地的儿子曼尼拉尔，在约翰内斯堡乔装成小贩，头顶篮子，沿街叫卖。第一天还安然无恙，第二天就全部被捕了，被判处7天拘役或罚金1英镑，结果大家都选择了拘役。

这一次行动，妇女们都踊跃参加。甘地让妇女们从德兰士瓦进入纳塔尔，一些到处乱撞的妇女并没有引起当局的重视。接着，甘地又指挥她们前往新堡。这些女性们英勇无畏的精神感动了工人同胞。10月17日，3000余名产业工人罢工。

10月21日，恍然大悟的南非政府才立即将违令越境的妇女们拘捕。

女性是家庭的后盾和屏障，妇女们的被捕马上就引起了轩然大波。新堡的工人们纷纷放下工作，一批批地进入城区。有些人甚至变卖家产，头顶包袱，携家带口投奔甘地而来。

甘地将这些人——2037名男人、127名妇女和77名孩童——组织起来，一行人满怀信心地向德兰士瓦进发。

中途休息时，甘地从营地拍电报让政府履行承诺，顽固的南非政府却置之不理。队伍继续前行，预计再过4天就能走完全程了，大家都士气高昂，甘地在营地又发表了讲话继续鼓劲。虽然甘地不断被捕，可他一获释便立即追赶上来，继续鼓舞呼吁大家坚持斗争。

11月9日，甘地第三次被捕，被押往海德伯格，队伍仍然不受影响地继续前进。

11月10日，当队伍行至巴尔伏时，早已守候在那里的三节专列将所有人全部逮捕，这次被捕让这些普通的劳动者吃尽了苦头，遭到毒打，受尽欺凌，最后被押往纳塔尔监狱。

队伍被关押的第二天，甘地也以三项罪名被提起公诉。甘地宁死不屈，表现了继续斗争下去的决心，法官旋即判处他9个月的苦刑。

此时，纳塔尔两万工人也自发地举行了罢工，政府开枪射击也无济于事，越来越多的人加入到斗争的队伍中。南非政府无计可施，监狱内又人满为患，来自遥远印度的支援也随声而至，英国报界也发表同情的言论。《泰晤士报》指出：

"就我们的记忆所及，印度工人的长征是历史上非暴力抵抗者的精神表现得最动人的一次。"

内外的压力，使得南非政府不得不通盘考虑。为了收买人心，政府还成立了名义上的委员会，以负责调查纳塔尔罢工事件，并提出释放甘地。

12月18日，甘地获释，并且还见到了多次食言的史末资将军。甘地答应取消接下来的罢工，但南非政府必须履行之前的协定，并释放所有的被捕人士。

面对这个顽强的小个子，史末资将军无计可施，只得答应甘地的要求：承诺废除3英镑人头税，认可印度婚姻的有效性，持有本人手印的移民证即可准许进入南非各地等条件。

1914年1月26日，《改善印度人待遇法案》正式通过。

甘地也履行了承诺，自1906年9月起所发动的一系列非暴力抵抗运动也宣告终止。

21年的奋斗，南非印度同胞终于迎来了春天，甘地也最终实现了他的宗教观、人生观及社会政治观的基本定型。21年前的那个束手束脚、无足轻重的小律师已不复存在，取而代之的是一个成熟稳重、口才一流、思维缜密、声名显赫的社会活动家。

朋友们为甘地举行了盛大的欢送宴会，期间他的战友、朋友，甚至他的敌人都聚集于此，表达对他的敬意。

多年以后，在甘地70岁的寿辰上，史末资将军感慨地说：

"这是我的运气，要反对一个连我都敬仰不已的人物。"

　　甘地认为人应当坚持劳动，并且自己动手纺织，这样才能抵制大机器生产的侵袭。为此，他大力提倡穿着本地土布，甚至答应亲自主持一家土布店的开幕式。为了拉来生意，他规定：凡购买土布满2卢比的顾客，均可参加观礼，并且每一发票上均由甘地亲自签字。对甘地的崇拜热潮让很多民众慕名而来，新店的生意异常红火，不出一天的功夫就卖掉了价值5000卢比的土布。

第七章　重返故里

　　要活，就要像明天你就会死去一般活着；要学习，就要好像你会永远活着一般学习。

——甘地

（一）

　　1915年1月，甘地回到了孟买。这位衣着简朴的英雄受到了隆重的欢迎，印度各界的领袖们都乘着小船来迎接他，他的导师和朋友戈克利还为他举行了盛大的欢迎会。

　　接着，甘地便忙于探亲访友、体察民情。他因为在南非的义举而赢得了印度人民的爱戴，连诗人泰戈尔都称赞甘地为"玛哈德玛"，意为"圣雄"。

　　在欢迎会上，戈克利就突然摔倒，因为人们太高兴，都没有过多地注意到他。在甘地游历至圣提尼克坦时，接到戈克利的死讯。甘地无限悲伤，他说：

　　"我曾经想找一位真正的英雄，在全印度只找到一个，这就是戈克利。"

参加完戈克利葬礼的甘地决定赤足一年，以表达对这位导师和朋友的深切思念。

加尔各答、哈德瓦、古鲁库尔、马德拉斯到处都留有甘地的足迹。陈规陋习、官僚主义、教条主义，使得甘地看到祖国人民仍然处在水深火热之中。

甘地迫切地需要给凤凰村人找一个新的安身之所。经过仔细考量，他选择了艾哈迈达巴德。他认为，拥有古吉拉特语言能为国家更好地服务，而这里又是印度古代手纺业中心，对恢复乡村手工劳作很有帮助。他给这个新的安身之地起了一个意义深远的名字——真理学院。并且还邀请一户不可接触者家庭进驻这里，想以实际行动消除种族之间的歧视。

就这样，由13个泰米尔人，包括甘地从南非带来的5个青年，还有来自印度各地的朋友，一共25个人在真理学院定居了。"真理、非暴力、节欲、不偷窃、不私蓄、节食"成了他们共同信守的誓约。

印度语和梵文的学习再次提上了日程，学院规定：年满4岁的男女儿童都可以进入学院受教，并且不收取任何费用，但家长必须让孩子过集体生活。甘地和他的教师队伍将教孩子们研习宗教、农业、纺织与文科，并组织他们参加劳动和徒步旅行。

1915年6月3日，英王诞辰授发勋章，甘地获得服务印度甲级勋章一枚。另一名获得勋章的人是印度诗人泰戈尔，他被封为爵士。

1916年2月4日，在深刻体察了印度的民情之后，甘地打算开始长久的巡回演讲。适逢贝纳瑞斯印度教徒大学校庆典礼，哈丁总督也应邀出席，印度各地名流汇聚一堂。国大党知名人士玛拉维亚邀请甘地发表演讲，甘地欣然应允。会场挤满了甘地的崇拜者，许多名流也把喜爱甘地当为时髦之举。

然而，这些衣冠楚楚的达官显贵很快就坐不住了，甘地发表了一篇切中时弊、言辞尖锐的讲话，讲话的内容戳痛了这些显贵的虚伪。他强调：

"印度要想自治，必须行动起来。……有些人虽然口中宣称要解决印度贫穷问题，自己却挥金如土，把老百姓的钱拿去向总督献忠心，极尽铺张与奢侈……满街宪警密探让人不能忍受，这样只能让人民产生极不信任感……"

一语未了，看台下掌声雷动，底层民众大声呼喊甘地"圣雄——圣雄——"，时任英国驻印度总督哈丁男爵和大会主席贝桑特夫人愤怒地拂袖而去。

当天晚上，甘地就接到了警察局让他立即离开贝纳瑞斯的通知。

甘地毫不畏惧，继续他的全国巡回演讲。他前往哈德瓦、马德拉斯等地，并尽量用本地语言，宣扬他的土布运动和土布精神。

由于甘地多次坐三等车箱游历各地，坐过欧洲、南非、印度不同的三等车箱，他得出了这样一个结论：印度的三等车箱是最痛苦的，它让人仅仅能有"羊群般的舒适"。每次巡回演讲，他都会大声疾呼：

"忽视三等车箱旅客，我们无疑是丧失了一个教育大众的机会，教他们守秩序、重卫生、生活有规律，以及如何过简朴的生活。"

他也毕生以此为实践，不断坐三等车箱游历，并试图以一个"受过教育"者的言行来感化那些贫苦的人。

（二）

深入实地的调查让甘地深刻理解了劳苦大众的困境，他不改其英雄本色，走到哪里都为改变哪里的陋习而战。

1917年初，甘地来到了喜马拉雅山脚下的一个极为偏僻的地方——三巴朗。这里有一项延续多年的制度，英国殖民者的靛青种植园就在此地，并且很多佃农都依靠种植为生。当地法律规定：三巴朗的佃农每耕种20卡塔土地，其中要有3卡塔（相当于1英亩）土地给地主种靛青。这种制度叫三卡塔制，是很严苛的剥削制度，但由于投诉无门，再加之地处偏远，并没有多少人知道佃农的困苦。

经过实地探访，甘地发现佃农深受其苦，如果告到法庭上对佃农们也没有实际的意义，他们只能增加更多的恐惧。只有从根本上推翻这种制度，才能真正消除他们的恐惧。为此，他决定长期住下去。

当然，甘地的来访也引来了当局的阻挠。刚下火车，他就收到了来自警察局长让其离境的纸条。甘地不为所动，并且做好了入狱的准备。他在当地的律师朋友家住下，开始会见成千上百个农民，他们争先恐后地向甘地倾诉着自己生活的疾苦。甘地和他的同伴们都细心倾听、记录并搜集尽可能多的证据。

不出甘地所料，没多久，法庭的传票就到了他的手里。甘地彻夜未眠地将工作安排好，还草拟了一份行动计划。

4月18日，在这个贫穷、落后、闭塞的偏远地区，无数的人来到法庭参加甘地的审判，这些所谓的政府律师、县长和其他官员早就知道甘地的名声，他们并不知道该如何处置这个人。政府律师要求延期开庭，但甘地坚决反对，当庭发表声明解释自己抗命的原因，还主动承认自己抗命不离三巴朗是有罪的，要他们按刑法144条宣判，并且说：

"我入境的动机纯粹是基于人道并为国服务，我此行是应紧急邀请来支援农民，因他们正遭受靛青厂主的不平等待遇。……我充分了解他们的困难，也知道他们只能根据所获情报采取行动。像我这样守法的公民，本应服从政府下达给我的命令，但我没有这样做，因为我不能破坏我对那些邀我来此的人所负的责任。我感觉唯有留在他们中间，才能替他们服务。所以，我不能自动退出。"

这段言辞恳切、措辞严谨的声明让这些人消除了对甘地的最初成见，也让庭长不知所措。他们本想重新研究法典以便寻求应对之策，但甘地对法律的熟练掌握、通达的处世态度、光明磊落的为人和道义的目的，使得他们无法从法律条文中找到丝毫的破绽来应对甘地。

庭长只得一再延期宣判，每次甘地都按时出庭，并且承认自己有罪。直到4月21日，省督下令将甘地的案子撤销，庭长才松了口气，甘地也得到可以继续进行自由调查的书面承诺。

这又是一次不服从运动的胜利，以文明开始，以文明终结。

越来越多的佃农挤进甘地的寓所，向他申诉自己的疾苦。一天12个小时不停记录也不能满足这些需要。最后，他只有选择情节重大的事件登记记录。

每次记录时，总有一个罪犯调查所的官员在场。甘地的朋友想阻止这种人前来，但甘地认为：这样才能让佃农所倾诉的事实更加客观，也能让佃农的内心更加坚强。

甘地又寻访了各地，与佃农面对面对话，并亲眼目睹了种植主对农民的迫害。因为政府虽然保持了中立，但那些种植园主却十分不快，他们就将这些不满变本加厉地施加到佃农身上。

这些种植园主威胁农民，组织请愿，利用媒介大肆抹黑甘地，但这些甘地都泰然处之。而真理最终总是站在正义一边。

5月10日，甘地赶往巴特那与省长摩德会晤。省长要甘地遣走助手，甘地表示拒绝，但表示将改善调查方式并尽早提出调查报告。

第二天，甘地将主要受害人名单拟好，分送给摩德、当地行政长官、种植园联合会秘书及各地印度领袖们，同时还附有甘地起草的调查报告及调查情况说明。

6月4日，副省长在阑溪约见甘地，并商议成立一个调查委员会处理此事，甘地也被列为委员之一。甘地向副省长提出条件：在进行调查的过程中，自己可以自由地同自己的伙伴商谈，因为自己仍然是农民的辩护人。副省长表示赞同。

经过近4个月的努力，委员会的调查结果出炉了。委员会认为，种植园主对农民的榨取是非法的，种植园主应该归还一部分榨取所得，"三卡塔制"的制度也必须废除。

半个月后，政府采纳了委员会的建议，并于11月2日通过了由省长摩德所提出的三巴朗农业改革法案。

自此，在三巴朗延续了100多年的"三卡塔制"终于得到了废除，而甘地所领导的斗争再次大获全胜。

在三巴朗近一年的居住中，甘地致力于从基础教育入手，改善佃农的思想。他招募了很多义务教师，并开设了几所学校，让知识分子更有效地深入农村。

（三）

甘地在回国之初已经是一名成功的社会活动家了，而此时的印度改革浪潮正在涌动，英国政府忙于战事，为保证印度后方的安稳，撤下了"办事不利"的奥斯丁·张伯伦，转以蒙塔古出任印度殖民事务大臣。蒙塔古打出了一张"逐步发展自治政府机构，使印度成为不列颠国内的合法部分"的纸牌，国大党立即做出反应，准备抓住这一时机委派一个代表团，向总督与印度事务大臣请愿，并将国大党与伊斯兰联盟先前制定的改革方案提了出来。

1917年10月26日，国大党派遣由甘地、提拉克等5人组成的代表团，与蒙塔古和总督塞西杰进行了会谈。甘地义不容辞地为改革方案鼓与吹，并联络到有数千古吉拉特人联名签署了呈递总督的请愿书。

12月，国大党举行了具有历史意义的加尔各答年会，提出了"应破除不良陋习，对'贱民'予以公平正直之待遇"的主张。同期举行的穆斯林联盟年会上，也提出了"国家利益至上，我们勿需争辩印度教徒与伊斯兰教徒谁优先，实则二者同位，争先恐后，毫无意义"的主张。这些印穆团结的信号，与甘地多次的从中调和不无关系。

1918年2月，甘地发起了一场为纺织工人争取待遇的斗争。起因在于1917年的下半年，当地发生了严重的鼠疫。为使生产不停，厂主们给工人提高了临时补助占工资的70%左右。而随着疫情的解除，厂主又将补助调回到20%。工人们认为厂主的做法出尔反尔，因而产生了不满情绪，矛盾随之激发。

这次斗争涉及到甘地的自身利益，纺织工人所告的工厂主对真理学院有资助，而且里边的很多人还与甘地私交甚好。做出这个决定颇为困难，但甘地坚信真理的力量，决定仍然站在劳工一方为其出力。

经过多方磋商，由劳动代表、资方和稽征处组成了一个仲裁委员会。可厂方并不接受仲裁，委员会正要开展工作，厂方立即宣布停工，而工人们则以罢工回应，并要求增加工资50%，厂主们只答应增加20%。甘地从中调停，并提出折衷意见：工资增加35%。但资方并不让步。

甘地只能领导工人进行不合作运动，他建议采取"绝不使用暴力，绝不进行破坏"的原则。头两个星期，纺织工人们表现出巨大的勇气，他们群情激昂，天天举行盛大的集会，并不断地重复誓言。但随着时间的推移，没有了安稳生活的保障，工人们开始躁动不安起来。参加集会的人越来越少，他们对工贼则越来越愤怒，表现出了极大的消极情绪，极有可能发生暴力事件。

甘地担心情况失控。他亲自去厂商那边调停，但这些厂主感觉自己受了侮辱，说：

"我们与工人间的关系，犹如父母与子女的关系，怎能让第三者来参与呢？哪有什么仲裁的余地？"

在一次集会上，正无计可施的甘地突然灵机一动，他宣布了自己的新计划——绝食。他说：

"除非罢工工人重新集合起来，继续罢工直到获得解决，或者直到他们全都离开了纺织工厂。否则，我决不接触任何食物。"

尽管关心他的工人们一再劝阻，甘地并没有丝毫动摇，这使得大家士气受到了空前的鼓舞，再一次恢复了前所未有的勇气。

纺织工厂的老板们大为震惊，他们当中很多与甘地个人关系密切，不能不考虑甘地的身体情况，并寻求好的解决方法。

甘地的这一举动使得紧张的关系瞬间变得融洽了起来，在甘地绝食的第三天，纺织工厂的老板们答应将问题交由仲裁委员会解决，工人们停止了持续21天的罢工。

厂商和工人们都皆大欢喜，准备举行庆祝大会。纺织工厂老板们和当地专员邀请甘地也参加，并在大会上称赞甘地的义举。这位专员还认真地说：

"你们应当自始至终按照甘地先生的意见行事。"

大会结束之后，纺织工厂的老板们还准备了十几斤的糖果作为庆祝的礼物分发给工人。起初是排着队分发的，但不到两分钟队伍便乱了起来。尽管工人骨干们带头维持秩序，还是无法控制局面。拥挤和哄抢的现象十分严重，最后不得不临时取消分发或洒向空中的想法，由专人看管，改为第二天按人头分发。

这虽然是一件看似微不足道的小事，但却让甘地深感痛心。他觉得工人在非暴力抵抗中如此遵守纪律，怎么面对这么一点点利益就失去了方寸？

然而，最后的调查结果让甘地消除了误解，原来这是当地的乞讨人员所为。他们听说大会之后会散发糖果，就都等在那里，并且拼命哄抢，才造成了混乱的局面。甘地的深邃思想，使他由此意识到"我们的国家遭受的这种赤贫如洗和饥饿状态是多么可怕，年年迫使更多的人沦为叫化子"。

在南非的时候，甘地因工作关系常常东奔西走。有一次，他从约翰内斯堡搭火车去德班。在火车站，一位朋友送给他一本书。火车到站时，甘地读完了这本书，也为里边的内容所触动。这本书是英国杰出的作家和评论家约翰·罗斯金所著的《给未来者言》。他很快地将这本书改写为印度文，并命名为《万福之书》，广发给印度同胞。

第八章 非暴力抵抗运动

以眼还眼，世界只会更盲目。

——甘地

（一）

刚处理完了纺织工人的罢工事件，甘地又马不停蹄地赶往凯达。那里正有一件不公平是事正等待着他去处理。

凯达是古吉拉特邦的一个城镇，由于近年歉收，出现了严重的饥荒，农民集体决定暂停缴纳一年的田赋。因为根据当地法律规定，若收成在二分五以下可以完全停交那年的赋税。但是，当地政府为了掩盖事实，竟将当年的收成假造成高于二分五，并指出农民要求仲裁是不可理喻的。

农民哭诉无门，便想到了甘地。在甘地处理三巴朗佃农事件时，就接见过前来诉苦的凯达农民的代表。甘地很快地将此事向国大党内报告，党组织也迅速派来了党员安立特拉尔·塔卡尔进行调查，并提交了详细的调查报告，还约见了当地的专员。

此外，甘地的战友维达尔白·巴德尔先生和戈库尔达斯·卡罕达期、巴立克爵士等也都在为此事奔走呼号。

作为古吉拉特大会主席的甘地也曾就此事向政府交涉，并提交了缜密的请愿书。但是，这些官员仍然置若罔闻，甚至还对国大党员们进行侮辱和恐吓。

事情既然没有周旋的余地，甘地和他的战友们只有选择战斗。他劝农民进行非暴力抵抗，并将总部设在了纳底亚·安纳塔斯朗。1918年3月22日，他们郑重地签订了誓约：

由于我们这几个村子的收成不足二分五，我们要求政府停收田赋，直到下年再收，可政府并不理会我们的要求。因此，我们这些签名的人在这里郑重宣布：就我们这方面来说，我们决不交纳今年所有的或余下的田赋，我们要求政府采取它认为恰当的任何合法步骤，并将乐于承受因为我们不交租所应得的后果。我们宁肯让我们的土地被抵押，也决不自动交税，从而让我们的要求被认为是错误的，或使我们的自尊心受到损伤。

然而，如果政府同意停收全县第二批田赋，我们当中有能力的一定交纳应交纳的全部或差额的田赋。有能力交纳而不交纳的人的理由是：如果他们交了，贫苦农民就可能因为混乱而把他们的东西变卖掉。或者向他们借债来交纳租税，这样就会给他们自己带来苦难。在这种情况下，我们觉得：为了照顾贫苦农民，甚至那些有能力交纳田赋的人也有责任不交纳田赋。

这是甘地首次带领农民进行非暴力抵抗，因此他做了充足的思想准备来应付各种突发状况。而且他认为，这次运动首先要消除农民的畏惧心理，使他们懂得当官的是人民的公仆，是为人民服务的，而不是农民的主子。

甘地明白，非暴力的要点是文明，而文明的条件并不是表面上斯斯文文的言谈举止，它是对敌人的一种内在的善意，是一种无可比拟的胸怀。

为此，甘地亲自指挥了这场非暴力抵抗运动。

对农民来说，这也是一场前所未有的体验，很多人都踊跃地报名参加。不到三天，便有几千名志愿者申请加入，并纷纷立下神圣的誓言。

人民的英勇表现既出乎甘地的意料，也让当局政府意外，他们没想到，一向松散、自给自足的农民会团结起来，共同坚持抗税。于是，政府采取了他们擅长的惯用伎俩，给农民施压。

先是前来收税的官员，不经农民同意便卖掉他们的牲口，然后强行带走他们所能带走的一切东西，并将处罚的通告张贴的满墙都是，让越来越多的人看到。此外，他们还声称有许多地方农民的农作物已经被抵押了！

这些行动还是起到了一定的作用，不少农民开始惊慌失措起来，甚至有些人连忙跑到收税官那里去交税。更有甚者，家里实在没有用以交税的钱财，就按照官员们的指示将家里那些便于携带又颇为值钱的东西交给官员们用作抵押交税。

（二）

虽然还是有些人坚持战斗到底，并拒绝交税，但大部分人的妥协必然会影响士气，甘地只好积极思考对策。这时，他的朋友商卡拉尔·巴立克找到了他。巴立克是当地的雇主，一向颇有正义感。他听说他的一个佃农为了防止他出事，背地里帮助他把应交纳的田赋都交付了，而这块土地就是抵押品。

巴立克并不支持这种行为，所以找到甘地，打算把这块地捐赠给他们，以便纠正佃农的错误行为。甘地很欣慰，立刻想到了一个对付当局的好办法。他建议带领几个人把这块地上栽种的洋葱收走，甘地对此的解释是：

"这种征封尚未收割农作物的办法即使是根据法律干的，在道德上也是错误的，这无疑是一种掠夺，因此人民有责任把洋葱收割起来，不管它是否已有征封的命令。这是人民学会承受罚款或遭受拘捕的好机会，因为这些都是违抗命令的必然结果。"

这一提议让人欢欣鼓舞，甘地年轻的战友穆罕拉尔·潘提亚立即表示支持，并自告奋勇要去收割地里的洋葱。当天入夜，穆罕拉尔·潘提亚便带着和他有着同样牺牲精神的七八名战友出发了。

不出所料，他们刚收割了两小时左右，拘捕就来了。看到这几个勇敢无畏的青年被捕，当地农民又积极踊跃起来。在审判那一天，挤满了前来围观的农民。甘地虽然知道这次拘捕不合法律，但他并没有上诉。他认为，这是很好的激发民众热情的机会，不能放过。而当地农民也将穆罕拉尔·潘提亚等几人看成他们的英雄，入狱的景象甚为壮观，成群结队的人护送他们入狱。

5个月后，凯达纳底亚税区的收税官找到了甘地，告诉他说，

"只要有能力的农民交纳了田赋，贫苦的人今年可以缓交。"

甘地当即让他写了书面保证，并带着保证书去见县里的税务长。他告诉甘地，这份命令是凯达当局下发的，并已开始执行了。甘地感

觉，这种行为表示此次非暴力不合作运动已经胜利了。农民所发的誓言在这里得到验证，人民应该欢喜鼓舞了。但是，他却并没有太多的喜悦。因为他认为，县税务长实施的办法好象根本没有经过什么调解，贫苦的人可以缓交，但几乎没有人得到好处。人民有权决定谁是贫苦的人，可他们不能运用这种权利。他们无力运用这种权利。甘地因此感觉分外难过。

不过，他仍然承认这次运动的意义，"这标志着古吉拉特农民觉悟过程的开始，他们的真正的政治教育的开始。"而且，使受过教育的公众工作者学会与农民打成一片，并广泛而深入地接触到农民的实际生活。

凯达不同于三巴朗的偏僻，这里紧挨孟买，也是舆论事业相当发达的地区，因此，甘地在运动过程中每天都要撰文，并发表演说。很多报纸也连篇累牍，让甘地的社会革新思想为更多的人所熟知。

此时，甘地的土布运动思想也更加系统化，他主张，"我们应首先提倡在语言、穿着、思想上表现土布精神"，并且不建议穿外国服装，认为这"有违土布精神"，"我们自己的衣服式样是最适合我们的生活环境的"。

同时，甘地一手创立的真理学院也有了变化。当初学院定在科赤拉布，这是靠近阿赫梅达巴的一个小村子。恰巧此时村子发生了传染病。笃信上帝的甘地认为这是"神的指示，是让我们离开这里的明显的通知。"而且也十分担心学生会被传染，于是决定将学院迁移到别处去。

但是，新址的选择却颇为困难，既要远离城市，又要远离乡村，还要交通便利，便于往返各地。

就在甘地正为此事愁眉不展的时候，一个老朋友找到了他，潘嘉白是一位纯正无私的商人，他和甘地选中了离沙巴玛第中央监狱不远的地方作为学院新址，这一点甚合甘地的心意。他认为，"坐监牢是奉行非暴力抵抗运动的人正常的命运"，而这里环境干净幽雅，更有利于学生身心的培养和情操的陶冶。

他们用了一周左右的时间买下了土地，虽然土地上"既没有房屋，也没有树木"，但这里临河，四周即是荒野，不会有无干的人来冒昧打扰，可以盖起永久性的房子。

经过一段时间的经营，学院已经有四十几个人，男女老幼，所有人都同吃一锅饭。他们临时搭起了帐篷，作为安身之所，至于永久住房要慢慢修建才行。在与真理学员的接触中，在经过多年政治斗争的洗礼下，甘地也逐渐意识到女性的重要，她们用天生的隐忍和耐力面对众多的挑战，有些女性甚至比精明的男子更聪慧，也更有干劲儿。

因此在工作之余，甘地开始积极倡导男女平等，同工同酬。

在1918年的一次演讲中，甘地就提出：

女子是男子的伴侣，具有同样的天赋。她们有权参加各种活动，应享有和男子同样的自由。她们应该在她们活动的领域中取得崇高地位，亦如男子在男性中的活动一样，这应该是很自然的现象，并不一定是由于教育的结果。可是，在旧制度的荒谬势力支配下，最笨最无用的男子也能取得超过女子的地位。

我们有很多工作半途而废，就因为女子所处的环境使然。我们有很多工作徒劳无益，我们就像小处聪明大处糊涂的商人，不能在事业上放胆投资。

（三）

　　1918年11月，第一次世界大战终于结束。这场战争对印度人民来说简直就是一场深重的灾难，约有70万印度士兵战死沙场。为支援帝国战事物资和粮食的供应，这块贫瘠的土地更加民生凋敝、国库空虚；加之连年遭灾，印度人民与英国殖民者的矛盾日加尖锐，艾哈迈达巴德、马德拉斯、孟买、加尔各答局部的罢工浪潮不断。

　　早在1916年12月，国大党温和派和激进派就实现了统一，激进派提拉克成为党主席。加之甘地深入广大农村和贫苦地区领导的几次运动，使国大党的影响逐渐扩大到下层民众之中。

　　英国殖民者自然明白革命暗流下潜藏的危机，因此先派蒙塔古与代表谈判，空口许诺战后定然会逐步实现自治，利用国大党和穆斯林联盟的支持募捐以消除后顾之忧。

　　在1918年4月27日这天，在战争的紧要关头，印度总督塞西杰邀请印度各方领袖赴德里参加作战会议。会上，总督希望甘地能支持募兵决议案，对英政府仍抱有幻想的甘地答应会尽全力帮忙。

　　3个月以后，即1918年7月，英国政府又变换伎俩，抛出了一个关于印度政府组织法的"改革方案"，试图以此为诱饵瓦解国大党内部阵线。该法案充斥着"逐渐发展自治体制"，"在大英帝国范围内，逐步实现印度的责任政府"的字眼，暂缓拖延的动机昭然若揭。这一个"改革方案"丝毫没有损害大英帝国的利益，只是在卫生、教育等次要部门稍微扩大一些印度上层分子的人数而已。

　　新方案达到了预想的效果，国大党内部分歧尖锐，温和派兴高采烈，而激进派提拉克则认为：这是个"很好而无用"的报告。两派争持不下，只好都写信热烈地邀请甘地参加。

然而因为支持帝国战事而招募新兵的工作，甘地已经累垮了。此刻他正卧病在床，无法出席8月29日的国大党特别大会。

这一次，甘地还是采取了一贯的折中原则，写信表达了他的意愿，即应该"有条件地接受"，"报告书中值得予以同情的考虑，不必整个拒绝"。

如期在孟买举行的国大党大会上少了温和派代表班纳吉、巴素、玛桑达的参与。经过4天讨论，大会作出决议，重申1916年12月举行的全印国大党与穆盟联席会议就自治政府所通过决议的原则立场，同时明确宣告：

"唯有获得在帝国之内的自治政府，方能满足印度人民的愿望。"

同年11月1日，国大党温和派领袖们成立了印度自由党联盟，由班纳吉任主席。会议通过了一项决议：支持印度事务大臣与总督所提出的革新建议。同时也提出了若干小的修改意见，并制定一个委员会前往英国游说。自此，国大党两派彻底决裂。

国大党内的激进派也派出代表前往英国，61岁的提拉克不辞辛苦，在印度许多地方发表演讲，征集募捐，并于8日亲自率队赴英，但结果并不尽如人意。

第一次世界大战结束，战胜的列强们忙于重新瓜分势力范围，和平、民族自治仍然是一纸空文，停留在理想之中。

然而，世界范围内打破旧秩序的革命浪潮正在风起云涌，一场新的战斗正等待着印度人民积极加入。

第九章 "甘地时代"

忘却如何挖掘地球和保护土地等于忘却了自我。

——甘地

（一）

1919年2月的一天，卧病在床的甘地习惯性地浏览着当日报纸的时事栏，一则消息让他大为震惊。

英国政府抛出了野蛮的"罗拉特法案"。该法案规定：总督享有镇压之权，殖民当局可随时宣布戒严，不经起诉便可逮捕、搜查和监视任何一个印度人，不加审讯就可判刑，警察有权解散群众集会和示威游行，等等。

这不失为当头棒喝，让甘地消除了对英国政府的最后一丝幻想。他辗转反侧、久不成眠，经过激烈的思想斗争，他决定必须对这一法案予以还击。

随后，甘地拖着病体在真理学院召开了一次小型会议，参加者有帕泰尔、奈都夫人等20人。甘地当场起草了一份非暴力抵抗宣言，宣言中明确指出：

罗拉特法案是不公正的，它违背了自由主义原则，破坏了个人的基本人权，而公道、正义与人权乃是社会国家赖以维持安全的基础。

我们郑重宣誓：假如上项法案成为法律，除非撤回，否则我们将拒绝服从这些法律及即将成立的委员会认定的其他法律。

我们更愿指出：在此斗争中，将忠实服务真理，决不对生命、人身、财产使用暴力。

甘地认为，要依靠现有的组织来运用非暴力抵抗这么一种新颖的武器是没有希望的，因此，一个新的组织——非暴力抵抗协会——很快成立了。甘地当选为主席，并在最短的时间内征集了1200人在非暴力抵抗运动宣言上签名。印度各界纷纷响应，群众大会、示威游行，抗议之声不绝于耳。

甘地多次向总督呼吁，致信交涉，并声称如果不采取补救措施，他将采取非暴力抵抗。但是，政府并没有任何回应。

3月18日，罗拉特法正式对外公布成为法律，此时甘地有了一个主意：号召全国举行总罢市，让人民在那一天停止工作，绝食，祈祷。

甘地的计划很快得到了同事们的赞同，于是他起草了一份简短的呼吁书。总罢市的日期最初定在3月30日，后来担心时间紧迫，又改为4月6日。

3月23日，甘地呼吁印度国民不分男女，全体动员，用非暴力抵抗罗拉特法案。他说：

"我曾多次在群众大会上说过，非暴力抵抗主要的是宗教运动。它是一种自洁与自苦的历程，是以自苦的方式寻求改革或解除痛苦。因此我提议，以1919年第二号法案通过的第二个星期天作为我们共守的国耻祈祷日。为使大家能有效地表达我们的哀痛，我提议大家要做到：

第一，从头一天最后一次进食后，所有成人均应绝食24小时，除非基于宗教或健康原因不能绝食；

第二，所有工作除公共利益所必需者外应一律停止；

第三，全印各地举行群众大会，包括村庄在内。"

第二天，甘地在前往坦均爵发表演讲的时候，因心脏衰弱没能念完讲稿。

3月30日，因为改期的电报没有及时到达，德里已经发起了总罢市。

总罢市的游行队伍在向火车站行进时，遭到了警察镇压，但游行队伍依然勇敢地行进，面对军警的刺刀，毫无畏惧。作为响应，阿姆利则、拉哈尔、木尔坦、贾朗达尔、纳卡尔都都纷纷举行了罢工和群众集会。

4月6日，甘地率数千群众步行到海边沐浴祈祷，然后结队游行。队伍中有少数的妇女儿童，也有不少穆斯林。甘地说：

"这是一次了不得的事件，群众遭弹压，仍能相当地控制情绪。有4万人举行集会，它给印度人民带来了光荣。我曾一再强调，参加反罗拉特法运动的人，一定要能自制、和平，但我却没有说不要牺牲……"

孟买的总罢市取得了空前的成功，甘地建议人民无视盐税法，在各人家里用海水制盐；销售禁书，以甘地著译的两本书《印度自治》与《给那最后的一个》很快被抢购一空，甘地亲自主编的非法刊物《非暴力抵抗》杂志也瞬间售卖一空。

（二）

4月7日晚，甘地动身前往德里和阿姆利则。这时候，他听闻自己有可能被捕的消息，但他没有丝毫畏惧，继续按原计划前行。

　　当火车进入巴尔瓦尔站，甘地果然遇到了前来"迎接"他的警察。被捕后，甘地又被秘密辗转押送至孟买的货车上。

　　直至4月9日中午时分，甘地才又被押入头等车厢，这个警官还喋喋不休地想劝服甘地放弃原来的计划。同时，甘地的战友们也获悉了甘地被捕的消息，人民又自发地组织游行、抗议。

　　4月11日，押送甘地的火车到达孟买。看守完成任务，对甘地说：

　　"你自由了。"

　　甘地下车后立即前往白敦尼，那里的群众见到甘地欣喜若狂。他们马上组成游行队伍，高呼"祖国万岁"。

　　但是，当游行队伍走近克劳斯福特市场时，一群警官下令驱散队伍，有人因此而受伤。甘地立即赶往当地警察局控诉暴行。在与警长进行一番唇枪舌战后，甘地指出自己纯粹的非暴力信仰。

　　走出了行政官署的甘地立即发表演讲，说明了非暴力的责任和非暴力抵抗的界限，并说：

　　"非暴力抵抗本来就是诚实的人的一种武器，一个非暴力抵抗者要坚守非暴力的原则。"

　　然而，群众的激情已经开始滑向不可控制的边缘。

　　同一天，在远离孟买的艾哈迈达巴德纺织工人举行罢工，并出现了暴力行动，警察镇压。第二天，全城实行军管。

　　甘地感到了事态的严重性，立即前往真理学院附近召集群众大会，责难那些采取暴动的人，宣称：

　　"如果通过暴力能获取自治，不择手段地屠杀英国人可以解除压迫，那我宁可不要自治而继续受人压迫。"

　　演讲虽然发生了效力，但英国殖民者的镇压也开始了。特别是在旁遮普表现得尤为露骨，领导运动的领袖们纷纷被捕入狱，刑事法庭成立起来。英国当局还驱逐了旁遮普的著名政治家赛福汀·克鲁齐和萨提亚帕尔，人民的不满情绪到达了顶峰。

当日早晨，3万人在市政府门前广场集会，抗议政府的这一未经审判便驱逐出境的行为。和平游行队伍行进途中，宪警的枪膛也正等在那里，一阵扫射之后，暴动发生了。愤怒的群众打死了6名英国人，还放火焚烧了银行，破坏了市政府大楼，割断电话线。

4月11日晚，英国的雷吉纳德·戴尔准将抵达阿姆利则，军队进驻了那里。

4月13日，集会的2万多群众集中在广场上静听演讲，戴尔将军率部队包围了广场，并对群众开枪射击。人群立即四散开来，但也没能逃脱子弹的射击。直到子弹放完，整队人马才离开。这次暴行酿成了1200人死亡、3600人受伤的惨剧。这就是著名的"阿姆利则惨案"。

然而暴行并没有停止，白色恐怖仍在继续，旁遮普省的副省督请求印度总督批准将一切罪犯用军法制裁：500多名学生和教授被枪击、绞杀，到处都是空中轰炸，严刑酷罚。

"阿姆利则惨案"并没有吓退印度人民，相反，它激起了人们更加强烈的愤怒情绪，印度人民将反英斗争推向高潮。反英斗争迅速扩大到50多个城市、地区，甚至乡村。

甘地认为，是因为自己犯了一个严重的错误导致了暴行，因此在孟买组织了一支非暴力抵抗者志愿宣传队，不断宣讲他的非暴力主张。然而群情激昂，没有人能听进去他的话。

4月18日，甘地决定暂时停止非暴力运动，号召大家协助政府恢复秩序，平息动乱。

4月20日，国大党工作委员会希望甘地赶赴旁遮普调查情况，但总督并不准许。甘地也怕引起更深的暴力冲突，只得隔省相望。

印度爱国诗人泰戈尔坚决退回了政府颁发的勋章，并给总督致信，谴责这一恶行。国大党指派了一个调查委员会前往旁遮普去调查。此时，印度政府也指派以亨特法官为主席的官方调查委员会。

甘地不能前往旁遮普，只能接管入狱战友的报纸《青年印度》，以此为阵地，宣传他的非暴力主义，作为启发民智的武器。

（三）

1919年10月17日，"阿姆利则惨案"发生6个月之后，甘地终于被获准前往旁遮普。

在那里，甘地很快成立了一个非官方的调查委员会，代表国大党进行调查。老尼赫鲁、奇·兰·达斯、阿巴斯等都是调查委员会成员，调查的结果让人触目惊心。

国大党年会特意选在发生轰动惨案的阿姆利则举行会议，英国政府还故作姿态，将戒严期间被关进监狱的国大党领袖放了出来。甘地在会上对旁遮普与古吉拉特人民的暴力行为予以谴责。他认为：

"真真实实地表现做人气魄，是虽在枪林弹雨中却仍不加报复，长期做到以德报怨，这才是真正的英雄本色。"

因此，他提议对"暴民"予以谴责。但提拉克不赞成甘地的观点。双方意见尖锐冲突，相持不下，最后大会提出一个折衷意见，双方得以和解。

会后，甘地做了三件意义深远地事：

首先，起草了一份无懈可击的旁遮普调查报告书。报告书以无可辩驳的事实揭露了英国殖民当局在旁遮普所作的种种惨无人道、卑劣无比的行径。

其次，为纪念阿姆利则大惨案募捐，甘地到处游说，并募集了一笔数量可观的款项建造了一座纪念馆。

第三，修改了国大党党章。国大党的党章是国大党已故领导人戈克利起草的，时隔多年，政治形势也发生了巨大变化，一直没有合适的人能承担起这件工作。甘地早在南非组织斗争时就与国大党有所接触，经过这些年的共同进退，深刻了解其组织形式的不合理处。因此，他自告奋勇地接下了这个任务，然后以高度的责任感开始了这项艰苦细致的工作。

1920年8月1日，为了抗议英国所强加给土耳其的苛刻合约，甘地又发动了一次不合作运动。而此时国大党的灵魂人物提拉克已经逝世，印度自治的路途依然漫长。在人民的企盼中，甘地开始了他具有历史意义的行动。

甘地写信给总督塞西杰爵士，退还英皇授予他的勋章，并表明自己将不再敬爱一个"无耻、不道德、不讲理"的政府。总督对甘地大为光火，并反唇相讥。

此前不合作运动导致暴力的事件使国大党内部产生了分歧，有人甚至怀疑甘地的能力。为了让不合作观念深入人心，甘地通过他主办的《青年印度》及《新生活》杂志大力宣传不合作运动的真义，并到处旅行演讲，用自己的行动赢得了越来越多阶层的爱戴和拥护。

国大党特别大会于1920年9月4日至9日在加尔各答举行，这次会议是甘地决定意义的胜利。很多国大党内德高望重的老将并不支持甘地的主张，而前来参加大会的甘地也是诚惶诚恐。

会前，国大党政治家中反对的势力依然强大，如贝桑特夫人、玛拉维亚、老尼赫鲁、达斯等。但另外几股不容忽视的力量却占据了主动：首先来自各省的普通代表，他们多属于下层民众，即普通知识分子，对甘地相当拥护；其次是早前政治力量薄弱的地区，因为甘地的出现当地民众生活得以改善，旁遮普、古吉拉特等地的代表自然投票给甘地；还有就是来自孟加拉、孟买地区的资产阶级代表，多为甘地的朋友和亲密战友；最后是党内的穆斯林代表。

有以上四类人的支持，甘地的不合作运动案分别以144：132和1855：873的绝对优势获得了通过。

因为甘地赢得了大部分人的支持，在年底的那普尔年会上，不合作运动正式成为指导国大党活动的总路线，由甘地所起草的新党章也得以通过，并明确规定"党的斗争目标是以和平的合法的手段实现自治。如果可能，是在不列颠帝国范围内自治；如果不可能，就脱离英国而自治"。

这是国大党第一次把争取自治明确纳入党章。会议还通过了甘地一向主张的建设性纲领，如印穆团结、取消不可接触制度和推广土布等。自此，国大党的"甘地时代"正式开始。

（四）

1921年1月，由甘地所领导的国大党号召国民加紧抵制运动，并全力推行手纺手织，同时劝告律师退职、学生退学。

加尔各答的3000名大学生罢课以响应一年内自治的口号，律师停业、官员退职成为热潮。一时间，大名鼎鼎的律师如老尼赫鲁、帕泰尔、卜拉沙德等人均放弃律师职务，领取月薪不超过100盾的薪水为公众服务。在甘地的感召下，越来越多的人放弃高官厚禄，进入公共服务领域。

群众情绪的日益高涨，引起了政府的恐慌。3月中旬，政府开始镇压行动，并下令禁止所有未经许可的活动。一纸政令并没有降低人们参与斗争的热情，在甘地的领导下，不合作运动在各地有条不紊地进行着。

1921年，全国的罢工次数增加到396次，参加人数达60万人。但群众人数众多，往往突破非暴力的限制，这点让甘地甚为担忧。

1921年7月，甘地倡议推行土布运动，抵制英国布。事实上，甘地旨在提倡一种经济自主行为，但在当时依然引起了纺织厂主们的不满。在大机器工业盛行的时代，穿上耗费众多时间和精力而制成的印度土布是很多人所不能理解的。当甘地阐明他只是想采用这种方式让布的产量有所增加时，厂主们才打消了顾虑。

7月31日，甘地在伯利的乌玛索巴里广场举行了焚烧洋布的群众集会。这是一次壮举，成千上万的人们都聚集而来，将搜集到的洋布及其制成的衣服付之一炬。当火焰腾空而起时，群众沸腾。

"我们昨天所做的，乃是一种高贵的牺牲。……不能实现土布运动，印度便不能得救。我们昨夜所燃起的，乃是真实的、必须的牺牲。……我们所烧的火应为烧除我们内心污浊之火的象征。我们净化了理智，必可指示我们土布的真正经济价值；我们净化了内心，必可使我们能够坚决抵制住洋布的诱惑。"

这是甘地在演讲时所说的话。

追随孟买烧毁洋布的步伐，各地争相效仿，并越演越烈。甘地此举意义深远，这是印度经济与道德自救的关键。甘地认为：这跟爱好华服一样，会导致道德沦丧。因为英国殖民者的入侵，使得古老的印度手工业被破坏，而英国从印度低价购得棉花，制成衣服，又高价售给印度人，从中获得高额的垄断利润。印度要想摆脱这种束缚，就必须从自救开始。即从根本上挫败英国工厂的机器，以阻止印度的滚滚财源流入英国人的腰包。

自此，一个上身赤裸、腰缠土布披巾的伟大人物就此定格。甘地郑重地宣布，在他有生之年，他会放弃穿其他任何衣服，只穿手工纺织制作的缠腰和披巾。不论到任何地方，见任何重要人物，甘地永远都是这样一番打扮。他常说：

"淡泊生活，志虑深远，腰布代表简朴，代表印度化，代表着不同信仰以及基于地理环境等形成的一种综合性文化特征。

"如果我往英国去，我就是以代表的资格去，不多一点，不少一点。……我若代表国大党，也就是半饥半饱状态、衣衫褴褛的人民的代表；如果我代表有地产者、有教养的印度人，我也需要穿着简朴，为的是替穷苦同胞谋福利。"

常伴在他身边的还有一个造型简单而古朴的纺车，甘地每天都会抽出半小时的时间纺线，即使再忙也从不间断。纺线时间成为他祈祷和禅坐的间歇，俨然变成了一种宗教仪式。

自此，印度人民更加爱戴这个可敬的小个子。"团结起来、独立自主、自力更生"也成为甘地领导和平革命的象征，成为民族团结和自由的标志。

第十章　全印度总罢工

满意在于努力，不在于达到。

——甘地

（一）

1921年9月，就在甘地领导的不合作运动如火如荼地进行的时候，他的穆斯林同胞阿里兄弟领导的哈里发运动遭遇重创。

9月14日，阿里兄弟被捕。孟买省督指出的控罪居然是他们企图煽动印度军队叛乱。

9月21日，甘地剃光了头发，以表示哀悼的记号。

10月1日，当地政府就迫不及待地宣布了阿里兄弟的罪行，并判处两年徒刑。

10月4日，甘地在孟买召集各方领导人会议，并联名签署发表一项宣言，代表国大党第一时间谴责殖民政府的迫害行为。他郑重宣告：

无保留的言行自由是天赋人权。不管他批评的对象是与政府合作或受雇于政府者，也不管是针对民政抑或军政部门，我们认为一个印度人竟去充任民政人员，特别是投身行伍，协助一个造成印度经济、道德、政治的堕落的制度，……这些都是违反民族自尊的。我们更认为，与政府断绝关系、另谋出路是印度士兵和每一位民政官员的义务。

不合作运动向更高层次发展：抵制军队和抗税。

但具体操作起来，党内却发生了分歧。甘地认为应该从小处着眼，步步为营，主张以古吉拉特的一个税区巴多里为开始进行不合作运动，别的地区先不要采用行动，这样缓步推进才能有效地控制住事态的发展，并给当局施压。但更多的人则希望运动迅速铺开，以最短时间内达到最佳的效果。经过协调，最后达成定于11月17日举行全印总罢工。

11月17日，正是威尔士亲王抵达孟买的日子，这正是发动罢工的最好日子，然而激昂的群众仍然失控了，成群的市民集中到帕里，参加焚毁洋布的示威。在甘地演讲的当口，一些爱国市民对那些参加欢迎仪式的人实施了报复，将那些戴着洋帽、穿着洋服的人打倒在地，撕掉他们的衣服放火烧毁，还砸毁了酒店，焚烧了电车。恰巧要赶去巴多里亲自指挥运动的甘地看到这一切，他痛心疾首，不得不取消了当晚的行程。

这样的情形，当局一定会实施报复。甘地想让激动的群众再次平静下来，回到非暴力的正轨当中，于是他再一次宣布绝食。

"除了饮水以外，我将不吃不喝任何东西，直到孟买的印度教徒与穆斯林教徒能和帕西族、基督教徒及犹太人和睦相处，直到不合作运动者能与同政府合作的人和睦相处。"

同时，甘地还召回他的幼子迪瓦达斯，并公开宣称：如邻区再有暴乱发生，他的儿子将被当作"牺牲品"，送至乱区，让暴民杀死。

甘地3天的绝食使丧失理智的人们逐渐恢复了平静，市区的秩序趋于正常。

11月22日，甘地开始进食。在此期间，甘地也开始进行严格的自省。他发觉群众还没有完全领悟非暴力斗争的真谛，现在还不是时候。于是，他在国大党工作委员会上决定巴多里运动暂缓发动，并决定以后每逢周一便绝食24小时，直到印度获得自治。

（二）

这正是对手反击的有利时机，印度政府怎么会放过？大搜捕很快展开，旁遮普、联合省、比哈尔及阿萨密各省省政府也接着了颁布同样的命令。

12月底，包括老尼赫鲁、阿萨德及小尼赫鲁等数名国大党知名老将相继被捕。据不完全统计，从1921年底至1922年1月，因参加不合作运动被判处徒刑的大约有33万人。

国大党旋即召开了全印委员会代表大会，大家对政府大肆逮捕爱国人士表示极为愤慨，建议对政府实施反报复。甘地的非暴力不合作议案则获6000名代表的表决通过。决议要求："对政府的所有法律一概予以民事不服从，同时遵守非暴力原则。虽在政府禁令之下，亦当继续举行群众大会，并盼全印人民踊跃加入义务队，随时准备接受逮捕。"

大会授权甘地为执行统领，除变更全国的信条和与政府议和须获国大党同意外，甘地有权决定一切。

此时的甘地又站在了领导印度人斗争的风口浪尖之上，与他共同奋斗的战友们大部分已经锒铛入狱，甘地明白自身的责任更加重大，他已经成为这场运动的唯一统帅。他依然发挥自己善于利用舆论的特长，在《青年印度》不断刊登被捕者的名单，并不断公布来自监狱的报道和呼声，利用自身的人格魅力和深邃的思想，连篇累牍地发布反暴檄文，传送非暴力抵抗的真谛。

此外，他还开始与玛拉维亚等著名领袖接触，共同商讨和解草案，并商定以释放阿里兄弟及其他哈里发政治犯作为举行圆桌会议的先决条件。总督并没有接受调解的条件，这一点也早在甘地的预料之中。

1922年2月1日，甘地向时任印度总督的鲁弗斯·艾萨克斯发出最后通牒，要求释放被捕的不合作运动者，公开宣布不干涉非暴力的活动，开放禁言，并限期于7日内加以接受，否则将展开全国规模的"文明的不合作运动"。

政府的回应还没有到，一些地方的暴动已先期而起。2月5日，在联合省哥拉克坡区的一个小村乔里乔拉村，村民举行了游行示威，并与警察发生了激烈的冲突。警察开枪射击，弹尽后退出警署。愤怒的群众纵火烧掉警察局，致使21名警员丧生。

2月6日，政府发表公报，对甘地的要求完全加以拒绝。

直到2月8日，甘地才得知这些消息，惊愕万分并开始自责。2月11日，甘地要求国大党工作委员会撤销这一计划，国大党遵从了这一决定。自12日以后，甘地开始新一轮的绝食，这持续5天粒米未进的日子让甘地更加消瘦，而他的内心却越来越强大和通达。

甘地此举也引来了很多的反对之声，这声音也包括入狱的那些国大党著名领袖们。老尼赫鲁写信给甘地，表达他的万分苦恼：

尽管乔里乔拉事件与非暴力精神完全相反，但难道因为穷乡僻壤一群激动的农民的行动，我们争取自由的民族斗争就该在一段时间内停止吗？如果说这是个别暴力行为不可避免的后果，那么非暴力斗争的哲学和技术一定有缺点。

因为在我们看来，要保证不发生这类意外事件是不可能的。难道我们必须使3亿多印度人受了非暴力行动的理论和实践训练后才能前进吗？即令如此，我们当中有多少人敢说，我们在警察极度挑衅的情况下还能斯斯文文呢？……如果这是非暴力运动的唯一条件，那么非暴力抵抗方法必然失败。

但甘地仍然认为时机未到，他在2月12日的《青年印度》指出：

"所谓非暴力的反抗就是说，应是温和的、合乎真理的、卑微的、自知的、自愿的，同时又是出于爱心的、永不伤害他人的。"

但无论如何，突然中止的不合作运动大大挫伤了士气，使政府有了喘息和镇压的机会。非暴力运动虽然中止了，但甘地仍然以《青年印度》阵地进行口诛笔伐，揭露英国当局的丑恶嘴脸。

（三）

2月24日，被迫中止的群众运动使得英印政府有了再一次喘息的机会，逮捕甘地的密令瞬时传布下去。甘地身边的人也听闻了风声，同每次逮捕前的表现一样，甘地依然不为所动，继续一如既往地处理日常工作。

3月10日深夜，忙完了一天工作的甘地正准备入睡，一队警察包围了他的屋子，并逮捕了《青年印度》的出版商班克。甘地平静地与真理学院的亲密战友们话别，只带了随身的衣物和5本书，即坐上囚车前往沙巴玛迭监狱。

3月11日中午，甘地与班克接受初审。甘地的罪名是背叛政府，罪证是他曾在《青年印度》上发表的4篇文章，即《背叛为一种德性》《收买忠心》《疑团与解答》《摆脱魔神》。班克因负责出版发行而"难辞其咎"。

3月18日，法庭挤满了前来旁听的群众，他们都是甘地忠诚的追随者。当身材瘦小、身裹腰布的甘地和班克走进法庭时，连同庭上的法警都自动立正，向这位伟人表示敬意。甘地保持着惯有的幽默，对在旁听席上的女弟子、诗人奈都夫人说：

"你就靠近我坐着，当我昏倒时好扶持我。"

负责审理的首席法官是艾哈迈达巴德的布诺姆斐德法官，担任主控的则是警察长斯脱兰格潘爵士。这两个人都秉持着身为裁决者的公平原则进行宣判，而甘地和班克均未请辩护律师。

对甘地的正式起诉与原控诉书有些出入，它只认定甘地在《青年印度》上所撰写的3篇文章，即《收买忠心》《疑团与解答》《摆脱魔神》的内容构成了反政府罪。

甘地对自己的罪行供认不讳，并做了口头陈诉，而后呈递了一份长篇书面声明，阐述了他的公众经历及其非暴力动机，说明正是英国的一再背信弃义和对印度的殖民压迫与剥削才使得他从一个大英帝国的忠实追随者与合作者逐渐变成一个反对英帝国的不合作者。

甘地还要求法官判他以最重的刑罚，并不求赦免，也不希望减刑。

他还告诉法官只有两条路走，要么对他处以重刑，要么辞职不干。最后甘地如愿，被判处6年监禁。

整个庭审历时100分钟，甘地的表现使法官对他印象深刻，事后表示：甘地是他所审判和即将审判的人中最不同的一种人。即便政见不同，他也依然不得不承认甘地有着崇高的理想，过着圣洁的生活。

事后，甘地也指出，法官对他的审讯彬彬有礼。甘地将远离大家，人们带着难以言表的伤痛去握他的双手，向这位英雄告别。

1922年3月20日深夜，甘地与班克被押上一列特别专车，从沙巴玛迭监狱移往一个未知地点，警察局长亲自押送。因为甘地特殊的身份，狱医给他提供所惯用的食物，还有水果。

甘地和班克被分到不同的囚室，与甘地同屋的是一个既不懂英文也不懂印地语的阿拉伯籍的囚犯。囚室内仅有23平方米左右的空间可以自由活动。电网、高墙、小窗……这些甘地早已不再陌生。他打算以轻松、乐观的心情度过这段铁窗生活。耶拉伏达监狱是印度最为严苛的监狱之一。

甘地并没有将他不合作的精神带到监狱中去，因为他觉得伏法也是一种自我修为。

"应在监狱中树立模范，使周围的刑事犯受其感化，同时打动狱卒与狱长的心。"他这样说，同时也是这样做的。

但是，这里的生活并不好过：起初随身带来的5本书一入门就被收走了。饭菜不仅质量低下，给的分量根本不能填饱肚子。每天关门之前，囚犯都要例行接受搜身，甘地的卧毯总是要被反复翻乱多次。而且，甘地托人送来的纺车也被没收了。不得已，甘地再次采取绝食的极端手段，才拿回了纺车和那5本书。

　　由于甘地是特殊犯人，加之他遵守纪律、严于律己的作风，使得监狱当局和他的关系有所改善。甘地的待遇终于有所提高，可以食用羊奶、羊奶酪，可以自己烧麦饼，床上多了垫被和布毯、枕头等其他犯人不可能拥有的东西。因为他的影响，其他犯人的待遇也跟着提高了一些。

　　监狱虽然禁锢了人身自由，却让思想之花得以开放。甘地调整了自己的阅读时间，并利用这段空闲制定了庞大的读书计划。

　　他孜孜不倦，每天早上4点起床早祷，默颂祷文，6点即开始阅读和学习。除去每天6个小时的读书时间之外，他还用4个小时的时间纺纱和编织。纺纱过程本身就是一个排除杂念、潜心修炼的过程，甘地乐此不疲。

　　从1922年3月入狱到1924年2月出狱，甘地一共读完了150种宗教、文学、社会科学及自然科学的书籍。《印度教哲学六论》《佛教要义》《罗马帝国兴亡史》《古人的睿智》《社会演变》《荷兰共和国的兴起》《城市的演变》《皮特传》《浮士德》《沙达拉》，包罗万象的阅读体验丰富了他的知识，也让他的理论素养达到了前所未有的高度。

　　1924年1月11日，甘地因急性盲肠炎住进了浦那的沙桑医院。这次急症几乎要了甘地的命。鉴于甘地的身体状况，英国政府决定提前释放他。

第十一章 土布运动

非暴力是人类最伟大的武器，比世界上最有杀伤力的武器还更有威力。

——甘地

（一）

1924年3月10日，身体极度虚弱的甘地在孟买海滨茹湖疗养。此时的甘地，虽然身体疲惫不堪，但良好的精神状态让他有较好的精力听战友们诉说这几年的变故。4年的时间，印度国内形势发生了巨大变化，正是需要甘地出来行动的时刻。

虽然千头万绪，但甘地立即理清了思绪，他一直致力的印穆关系是急需解决的首要问题。由于1922年不合作运动的突然中止，革命热情过后又没有一个共同纲领使双方结合在一起，一些阴谋家从中挑拨离间，致使教派冲突不断，印穆关系走到了冰点。

1924年4月3日，休养了1个月的甘地首先在《青年印度》上发表了一篇题为《致〈青年印度〉今昔读者》的文章，重申了他的非暴力思想主张，以统一人们的思想，坚定人们的信念。这是甘地复出的讯号。

随后，甘地又撰写了《论印穆冲突》一文，呼吁不同教派的人们接受非暴力为最后的信条，以协调不同种族间的关系，达到自治的目的。他说：

印度教徒、穆斯林、基督教徒、锡克教徒与帕西族人决不可用暴力手段来解决彼此间的分歧，争取自治的方法必须是非暴力的。

只要我们恢复信仰非暴力，目前的纠纷冲突便可消除。因为在我看来，两教派间采取非暴力态度乃是讨论缓解目前紧张局势的先决条件。双方都必须遵守一个共同原则，即不诉诸武力而诉诸法律。任何时候，任何地方发生了纠纷，就请第三者仲裁，如果愿意则诉诸法律。非暴力的意义深远，尤其对教派纷争最为适用。

甘地的见解独到，立足点高远，因而深得尼赫鲁的钦佩。他指出，甘地"有眼光，有识别力"。

甘地深知目前的国内形势严峻，各种派别间都有离心倾向：自治派与维持派，国大党与自由主义分子，印度教徒和穆斯林，婆罗门与非婆罗门，所有这些纷争让印度不能团结一致。而甘地要致力于全民族的团结，因此他计划用一年的时间，脚踏实地地推进民族团结的建设性方案。

1924年8月31日，甘地在孟买的演讲时提出了"最起码"的团结方法，即：从事土纺土织、印穆亲善、解救"贱民"三大工作。

这一呼吁立即引起了极大的反响，连与甘地意见不合的贝桑特夫人也发出支援之声，她还在《青年印度》发表声明：

"我准备支持甘地所提三条计划作为国大党的行动纲领，如国大党负责当局接受此议，我将再加入国大党。"

甘地的努力让各派领袖为之一振，他不出意外地被提名为下届国大党主席候选人。

但4年的仇视和分歧不会顷刻化解，教派仇杀也没有因为甘地的介入而停止它的动作。1924年9月，在科哈特地区，印度教徒和穆斯林教徒展开了最为惨烈的仇杀，暴力冲突导致了155人死亡。

（二）

1924年9月18日，印度教徒和穆斯林教徒流血事件发生的几天后，甘地痛定思痛，宣布他将在阿里兄弟的寓所绝食21天。这是目前为止，甘地为期最长的一次绝食运动。在这期间，他将只喝清水和盐水。

他从德里发出如下声明：

> 最近发生的仇杀我不能忍受，尤其对我自己的无能为力我不能忍受。我的宗教告诉我，遇事困扰，不能解决就绝食祈祷。这是受苦，也是自洁。

他想以此让两派人能回归理性，不要自相残杀。

虽然粒米未进，但甘地仍然笔耕不辍。这期间，他先后写下《神只有一个》《我们的义务》《不工作，不投票》《论绝食》等数篇文章。甘地誓死要捍卫团结的决心和诚意再一次令印度举国上下为之动容。甘地的拥护者和他的亲密战友及各方代表人士都迅速赶到德里商议对策。

9月26日，在甘地绝食的第八天，老尼赫鲁主持了一个团结会议，印度区总主教维斯迭柯迭博士、贝桑特夫人、萧克·阿里、哈金、希伦达兰德、玛拉维亚及摩汉里等人都纷纷出席。

开幕式以祈祷的方式开始，与会各人都按照自己的宗教信仰祈祷甘地长寿。

27日，大会通过决议：

　　　　对圣雄甘地此次绝食的原因深感忧虑，并一致认为宗教信仰自由是基本原则，不论其属于何种宗教，不得破坏其宗教场所，亦不得干涉其入教或转教，更不得有强迫其接受任何信仰、摧残他人的权力。

大会授权主席亲自向甘地提出上项保证，并期盼甘地即日打破绝食，以阻遏日益蔓延全国的宗教仇杀。

28日，甘地给老尼赫鲁回信，表示他仍不能打破绝食的决心，并指出，"为了有价值的目标而作的诺言与誓言，是不能打破的"。同时，他希望与会各位将决议案所显示的对自己的爱化为坚强的工作，为团结而奋斗。

大会在紧张而激烈的气氛中进行，各派互不相认、争持不下，国大党穆斯林领袖阿萨德本着团结的原则才得以通过了最重要的几个议案。如：为了报复或惩处而自行玩法，不仅是违法之举，且亦违背宗教，因而所有争论，理应经过仲裁判决或甚至诉之于法。

如甘地所愿，随着时日的推进，代表们互相之间的态度都逐渐友好起来，氛围也越来越融洽，但甘地的生命也危在旦夕。

10月9日，21天绝食的最后期限。早晨4点，天空尚未破晓，甘地身披一袭黑毯，出现在星光下的早祷人群中。

8时，人群越聚越多。正午前后，所有的领袖和朋友们都已聚齐，停止绝食的庄严仪式开始了。仪式之后，无比虚弱地甘地艰难地对阿里、哈金、阿萨德说，他为了印穆团结奋斗了30年，可都没有成功。他不知道神的意旨如何，但今天他要他们以生命担保，印度教徒和穆斯林一定要团结，不要冲突。

代表们表示一定要团结。听到这样的答复，甘地才接过医生拿来的一杯橘子汁，慢慢喝下，绝食便告终止。人们欢欣鼓舞，激动万分。

（三）

1924年10月25日，孟加拉省发生了一些事件，使得日益分裂的国大党空前团结起来。当地政府根据一项行政命令，在加尔各答及孟加拉省等地大举非法搜查民房，很多国大党人的家都未能幸免。同时，警察还以藏匿军火为由，逮捕了加尔各答市长达斯的得力助手鲍斯和国大党自治派的重要人物。但其实并没有任何武器，警察只是带走了党内的所有内部文件。

这是公开的挑衅行为，政府矛头直指国大党。党内外瞬间空前团结起来，11月6日，甘地、达斯、老尼赫鲁等人紧急磋商，发表了一项共同声明，表示共同谋求国大党各派的通力合作，团结各方力量，共同对付政府的高压政策。

国大党也决定自即日起，致力于四大中心工作，即手纺手织、服用土布、印穆团结、解除"贱民"。并指出：凡年龄未满18岁，未在执行党的工作或参加政治运动、党的活动时着用土布衣服，或未月缴自纺土纱2000码，或因故未缴同额他人所纺土纱者，一律不得充任党的各级委员会或分支机构的委员。

出于长远考虑，甘地认为，只有保持有生力量，防止国大党的内部分裂，才能阻止革命手段的发生和保证非暴力运动顺利进行下去。因而他采取了有条件的妥协措施，让自治派拥有了更多的话语权。

1925年，甘地逐渐淡出国大党内事务而选择继续深入民间旅行，并进行各种演讲，以推广他的建设性方案。卡提亚华、中印度、孟加拉、马拉巴特、特拉凡哥尔、马德拉斯、比哈尔省等，到处都有他瘦小的身影。他依然用和蔼的表情、温柔的语言，以及苦行僧的装扮和身体力行的榜样力量打动着所有苦难的民众。人民把他当成当代圣贤，对他顶礼膜拜，向他倾诉自己的疾苦。甘地还主动与"贱民"接触，并亲自戳穿那些专门以欺压百姓、为害乡里为生的江湖骗子的伎俩。

同年4月底，甘地来到孟加拉省游历，当地的同志出于对甘地健康的考虑，为他在旅行中安排了头等车厢。甘地说：

"假如我把自己包在棉花包里，我的旅行将毫无意义。我必须尽可能像千千万万平民一样地生活，一样地旅行。"

无奈之下，工作人员只得给他改换了三等车票。

在孟加拉乡村，甘地高兴地发现土布运动成果显著，当地人纺纱蔚然成风。无论是平民，还是高级知识分子，几乎手头都有纺车。

7月中旬，甘地参加了自治派会议。会上，甘地提议由老尼赫鲁出面领导国大党，党内又起了些许波澜，甘地一如既往地呼吁大家保持团结。

同年底，甘地开始静养，并开始撰写自传。经过连续3年的刊载，写成了《我体验真理的故事》一书。

甘地的身体稍好些后，1926年底，他又开始了自己喜爱的长途旅行演讲。这次稍有不同的是，出于健康和生活起居的考量，他带上了跟自己相濡以沫40余年的妻子同行。孟加拉、比哈尔、中央省、马哈拉斯特拉、卡那达克等地，又布满了他们的足迹。

有趣的是，在科隆坡的欢迎会上，有位听众写了张纸条给甘地，询问跟随他左右的是否是他的母亲，甘地微笑着表示默认。第二天，甘地开始演讲，听众中便有人询问，为何他的母亲不到。甘地幽默地予以回应：

> 昨晚有位先生将她看成我的母亲，对她或对我来说，这不仅是可以原谅的错误，而且是我们所欢迎的错误。我们相互同意，她不作我的妻子已经40年了。将近40年前，家母弃世，以后她就代替了作为我母亲的责任。她是我的母亲、朋友、护士、厨子，为我做了许许多多的事情。如果有一天她不来照顾我，我就不能吃早点出门，也不会有人替我料理身边的许多小事，所以我们双方取得一个谅解，就是我享荣誉，她服劳役。

（四）

1927年12月，一年一度的国大党年会在马德拉斯举行，尼赫鲁信心满满地提出了一系列激进的议案，如争取印度独立、印度加入国联反对帝国主义阵线等。甘地按照近年一贯的立场，只列席，不表态，但他却看出了这些方案的不切实际。

1928年初，甘地重返真理学院，并为自己的第三子拉摩达斯举行了婚礼。在婚礼前，这对新人都绝食斋戒，并打扫牛栏，用水浇树，表示此后将同心同德，迎接劳作的生活。这场移风易俗的婚礼上既没有音乐，也没有礼物，仅有的是新娘母亲送来的一架纺车和甘地送的一部《薄伽梵歌》。新郎新娘身着白色的土布服，面对篝火，携手共诵圣诗，聆听长辈的教侮。甘地勉励他们要以梵歌为指南，做到安贫乐道，立志为国服务。身为父亲，甘地禁不住热泪盈眶。

1928年，民族运动日趋活跃。产业工人、农民和中产阶级青年分子都成为运动中的一份子，集会、罢工、武力斗争此起彼伏。

2月3日，英国西门调查团抵达印度，准备对英国的统治结果进行验收，但代表中没有一个印度人士，这极大地刺激了印度反帝斗争的情绪，人民立即用抗议性罢工迎接它。

各大工业中心都打出了"西门滚出去"的黑旗。西门调查团赶紧离开孟买，前往德里，面对愤怒的群众，他们只得待在旅馆。警察与群众发生了冲突，暴行使矛盾迅速激化，而西门调查团事件也使得各党各派重归于好。苏俄的暴力方式成为倡导的主流。

甘地针对此事在《青年印度》上发表了评论。他主张发扬其牺牲精神，并说：

"我必须承认，我尚不了解布尔什维克主义，我只知道它取消了私人财产制，这是将不占有的道德观念用之于经济方面。假如人们自愿接受或经由和平手段劝其乐于接受此一方式，当然是很好的，但就我所知的布尔什维克主义乃是主张使用暴力，而且采用没收私人资本，由国家集体所有的制度。不过，不管怎样，在布尔什维克理想的背后，有无数男女为之而作了纯洁的牺牲，这是受列宁所感召的牺牲，是不会徒劳无功的。"

1928年5月，由国大党牵头，成立了一个名为"印度宪法起草委员会"的机构，老尼赫鲁担任机构主席，提出了一套能满足印度资产阶级和地主需求的自治方案。明眼人一看就明白，这是针对西门调查团的抵制行为。

甘地甚为推崇，这份提议在当年的国大党会议上获得一致通过。在12月国大党举行的全国委员会会议上，甘地提出了自治领议案，并限期于1929年12月31日以前接受，否则将重新发动非暴力的不合作运动。

西门调查团回国后将在印度的遭遇如实禀告，同时建议工党首相麦克唐纳邀请英属印度和印度各土邦代表举行一次会议。考虑到风起云涌的革命形势，英国政府予以采纳。

时任总督的伍德赶在1929年10月31日国大党年会之前匆忙发布了声明，表示他准备举行圆桌会议，以便能就印度宪制问题形成具体建议，提供国会讨论。同时声称"政府认为1917年宣言中所暗示的印度宪治地位乃是自治领"。

这一声明给了甘地等人希望，他们迅速做出反应，召开会议，并通过一项联合宣言，表示有条件地接受总督的公告。

但好事多磨，伍德总督的声明在英国引起了轩然大波，麦克唐纳首相立即发布声明予以澄清。12月23日，伍德总督与甘地等人会晤，伍德总督自然改变了语气，也不承认先前所发的声明了，会谈最后还是无果而终。

甘地结婚较早，早年又忙于南非运动，因而对长子的教育欠佳。哈瑞拉·甘地在没有父亲教育的情况下长大，养成了酗酒成性、游手好闲的习惯。甘地深为痛心，但也无可奈何。1936年5月，哈瑞拉·甘地为了弄钱，就对外宣称自己改信伊斯兰教。这是大不敬的，而且以甘地儿子的名义，产生了极坏的社会影响。正直的甘地没有留任何情面，在《哈里真报》上撰写了题为《致穆斯林友人》的文章，揭露长子的这种行为，让穆斯林教友加以警惕。

第十二章　独立运动风起云涌

以爱的福音代替仇恨，以自我牺牲代替暴力，以灵魂的力量代替野蛮。

——甘地

（一）

1929年，席卷世界的经济危机狂潮袭来，几乎一夜之间，企业倒闭、银行破产、工人失业、产品过剩……作为英国殖民地的印度也深受其害，渴望自治的呼声更是一浪高过一浪。

在本年12月的国大党年会上，几乎是一致通过了关于独立问题的主要决议，几千名会议代表中，投反对票的寥寥无几，并在辞旧迎新的时刻郑重宣布：印度所争取的乃是完全独立。同时还通过了一项开展全面不合作运动的决议，甘地当仁不让地成为运动的领导者，并将1930年1月26日定为"全国支持独立日"。

1930年1月9日，甘地在《青年印度》上撰文：

在圆满的非暴力气氛与加紧推进建设性工作的前提下，几个月内，我就准备着手领导一次全民不合作运动，作一次成功的斗争。我们深信，享有自由及经由劳动所获得的果实并保有生活必需品使得有充分发展的机会，乃是印度人民以及任何人民不可否认的权利。我们也相信，如果有一个政府剥夺其人民的此种权利并予以迫害，则人民就拥有更进一步的权利改造或消灭它。

1月26日，庆祝独立日的活动有条不紊地进行着，数以万计的学生、职员、商人、知识分子、工人纷纷走上孟买街头，高举"非暴力万岁"的标语。队伍不断扩大，全国各大城市纷纷响应。在遥远的乡村，人们用祷告和齐聚一堂的方式重温誓词开展活动。

甘地深知，独立的意义在于切实地维护印度民众的根本利益。1月31日，甘地向伍德总督提出了11点要求，其中包括把卢比的兑换率降低到1先令4便士；降低田赋50%；减少军费50%以上；减少英国官员的薪金50%；实行保护关税率，限制外国布匹与服装进口；给印度船队以内河运输的特权；取消刑事侦缉局或对其确立监督；给印度公民以带武器自卫的权利；废除政府的食盐专营法，取消盐税；禁止出售酒类；释放除"犯杀人罪或教唆杀人罪以外的全部政治犯"等。

这些要求虽然引起了英国报界的猛烈抨击，但却得到了底层民众更加热切的相应。

经过多次的失败和经验的总结，这一次甘地是做了万全的准备的。2月27日，甘地在《青年印度》上又发布了他对这次不合作运动的三点指导思想：

首先，一旦他被捕，不要像1922年那样只作静静的消极抵抗，而应发动最积极的非暴力斗争，以便每一个信奉非暴力的人都能尽其最大努力和意愿进行斗争；

其次，这次运动一开始只由真理学院的师生及那些能够恪守行动纪律的人参加，有了好的开始后全国可群起响应；

第三，必须尽最大可能阻止暴力的发生，但非暴力运动一旦发动，只要有一个人活着，就不应停止。

同时，甘地也明确地指出了国大党义务工作队员应遵循的准则，即：

> 不得怀恨，但要忍耐对方的愤怒，不可杀人而且不可报复；对无理的命令不可因畏惧而服从；不可伤害或诅咒他人，但要保护对方使其不受伤害，甚至甘冒生命危险；不得拒捕或被没收私人财产，但受托管的基金万万不可交出，即使因此而丧生；一旦被捕入狱应严守狱中规矩；在团体行动中，必须接受上级命令，万一有严重分歧时，不妨辞职；作为一个义勇工作队队员，别希望组织会照顾其眷属。

在成功地领导了第一次全国总罢工的11年之后，这位伟大而睿智的战士明白：印度人民已经做好了以非暴力抵抗赢得独立的准备。而他自己，也已经擦亮了利器，准备开战了！

（二）

食盐是百姓日常生活必不可少的调味品，然而英国政府为了实现经济垄断却实行食盐专营，借以提高盐价和搜刮民财。印度又靠海，这得天独厚的环境使得自制食盐成为可能。因此，甘地选择了以食盐作为这次非暴力不合作运动的突破口。

真理学院是甘地花费了15年的心血所创立的，当初入院的小孩子们多数都已长大成人。他们与甘地有着相同的信仰和决心。甘地准备亲自率领一批非暴力信徒从真理学院徒步前往33千米开外的丹地海滩去淘捞海盐，制造贩卖，搬运私盐，以示抵抗决心。

因此，他亲自挑选了78名真理学院的学员，包括印度教徒、穆斯林、基督徒等。行动开始之前还选取了20个学生作为长征队的前锋，提前去动员组织沿途居民，以便扩大影响。

3月12日清晨6点半，78名信徒跟随甘地向大海进军。前来围观的群众前呼后拥，各国新闻记者也紧随其后，人们潮水般地涌向甘地。上身赤裸、腰围土布的甘地手拄拐杖，精力旺盛而步伐坚定地走向大海。一路虽然风餐露宿，但仍然没有降低一行人的热情，沿途甘地不断发表演讲，并强调非暴力方式的必要性：

> 历史经验证明，没有哪个国家——无论英国、美国或苏联——会容忍暴力抵抗，但印度采用的非暴力斗争却使政府无计可施。……只要有了自愿入狱的准备，面对刺刀与炸弹也会无所畏惧，政府便无可奈何。

祈祷、纺纱、为《青年印度》撰文写稿，甘地一件工作都没有停止过。

4月5日傍晚6点，一行人终于抵达了离丹地城不远的印度洋海滨。

4月6日凌晨，甘地向战友们交代，自己一旦被捕，后继人应为泰伯咕和奈都夫人。

随后，他们跳入大海举行了宗教洗礼。甘地俯身在海滩上淘捞一把海盐，然后将这象征着摧毁当局食盐法的白色粉末洒向人群，并当场发表呼吁：

"只要不怕坐牢，人人都可自制食盐！"

这是战斗的号令，整个印度半岛因此而沸腾。印度沿海各地聚集了成千上万的群众，他们淘制海盐分发给大家，并且每户人家门口都有一本如何提炼海盐的小册子，私盐在各地公开销售。

随后，甘地又发出不进酒铺和出售英国货的商店的号召，很多人也都积极响应。集会、罢工风起云涌。甘地夫人也紧随在丈夫之后，带领着真理学院的女学员们出门查酒。

运动越来越深入人心，人民正在觉醒。新闻记者、教师、大学生、作家等，都纷纷进行义务宣传，用英文和本民族语言印行各种爱国和反英的小册子分发给大家。

英国殖民当局明白了事态的严重性，随即加紧了镇压的步伐。

4月16日，尼赫鲁被捕，老尼赫鲁随即上阵代理国大党主席。加尔各答、孟买、马德拉斯都发生枪击群众事件，政府还不准人民集会。虽然群众遵照甘地的指示采用非暴力不合作的态度，但警察蓄意挑衅，百般侮辱，往往故意使和平示威演变成武力冲突。英国殖民当局的罪行让甘地愤慨，他说：

"迷信暴力的人们，不要妨碍我们非暴力运动的自由！"

政府不断颁布新的禁令。而禁令一出台，国大党立即指导人民如何应对。虽然党员一个个被捕入狱，但后来人立即顶上原来的工作。

甘地仍然为群众呼号，并通知政府立即撤回对人民制盐的禁令。为了防止甘地发动更大规模的非暴力运动，5月4日午夜，政府出动警力将甘地再次逮捕。

（三）

甘地早已料到自己会被捕，他仍然无所畏惧地走进监狱的牢房。但听到这一消息的印度人民却为之震怒，甘地的继任者准备领导食盐长征。全国市商开始抵制英国布，10万余名群众自发举行游行示威，孟买5万余名产业工人罢工，很多社会名流也相继辞去名誉职位。政府发动军警开始破坏国大党支部，并逮捕了那里的领袖们。

5月12日，甘地的继任者泰伯咭一行刚上路不久便遭逮捕。

5月21日，泰伯咭的继任者奈都夫人又率2000名志愿队员整装上路，开始抢盐。但400名警察早已等在那里了。

盐仓外布满了铁丝网，掘好了壕沟，只待瓮中捉鳖。400名警察个个手执带钢尖的木棍或手枪，虎视眈眈地等在那里。

志愿队员们没有丝毫的退却，他们在离盐仓100码处整编分组。第一组涉水过沟，走向铁丝网。警察用木棍狠击队员头部，队员们相继应声倒下，血流如注。其他队员又踏着鲜血补上，警察仍然照打不误。没有反击，没有搏斗，连愤怒的咒骂声都没有。

随后的人被重新编排为25人一组，走到壕沟前就坐着不动，警察们的木棍仍然照打不误，鲜血从队员的头上流到身上，到处充满着红色的鲜血。然而，这并没有吓倒大家，一个个队员应声倒下，竟没有一个人还手。

警察并没有任何心慈手软的意思，他们改用脚踢，把队员拖下水沟，再补上几棍子。时近中午，所有队员都应声倒下，奈都夫人也被逮捕了。

美国记者密勒躲过了英国政府的拦截，偷偷来到现场，记录下了这无比残忍的一幕。事后他的报道由美联社发出，并在美国当地被1000

多家媒体转载。他说:

"在过去18年中,我到过20个国家采访,目击过无数的暴动、巷战与暴乱,但从没有看到过像达沙拉这次的恐怖与残忍。"

世界舆论哗然。

抢盐与镇压此起彼伏,越加惨烈,但人民无所畏惧,越来越多英勇的继任者继承着这一行动。5月18日,470名志愿队员出发往孟买城边的瓦达拉盐场,中途即遭被捕。3天以后,250人被捕,多人受伤。25日,100名志愿队员和2000名助威者决心攻夺盐仓,军警开枪阻击。

6月1日清晨,1500名志愿队员和旁观者大举进攻,群众突破了警察的防守圈,进到盐仓,抢走了一部分盐,政府立即调集骑兵来驱打群众。同样的行动在卡拉塔尔与沙利卡塔也展开了。

国大党仍然坚持甘地留下来的工作,继续战斗。因此,6月5日也被定为甘地日。这一天,孟买举行了盛大的游行示威,6.5万名工人自动停工参加游行,队伍行走了长达1.6千米的路程。越来越多的人被捕入狱。

6月30日,国大党代理主席老尼赫鲁被捕,国大党工作委员会也被宣布为非法组织。监狱容不下,政府开始大量释放刑事犯。宣传进步思想的报纸和印刷厂都被查封,《青年印度》也开始与政府打起了游击战。

6月间,英国政府本来想出台一些拉拢人心的决议,但换汤不换药的举动人民根本不买账。甚至一些曾对他们抱有幻想的政党也大为失望,开始转投国大党。

见此情形,7月9日,总督发表政令宣称准备召开圆桌会议,并保证自治领地位仍是追求的目标,还授权其他党派人物贾雅卡促成国大党与政府间的协商。

8月1日,甘地向贾雅卡提出:

"若英国政府不能接受前述11项要求，则任何宪治都是不能接受。"

8月13日，甘地、尼赫鲁等共同签署了一份公开信，提出了停止非暴力不合作运动的最低条件，即承认印度自治，但被总督断然拒绝。谈判失败，镇压更加变本加厉。国大党的活动虽然被迫转入地下，但运动没有丝毫的松懈。

秘密文件几乎人手一份，大字标语几乎满街都是，群众集会突然一轰而起，政府已经威信扫地，城市不断举行罢工，农民们的抗税运动风起云涌。政府焦头烂额，并无对策。

老道的伍德总督看出镇压不会奏效，便采取了圆通的方式，他承认：

"不管我们如何谴责不合作运动，但假如我们低估了今天印度的民族意识，我们可能会发生严重的错误。一味采用高压，不可能从根本上和永久地解决问题。"

英国政府摒弃国大党，与其他政党召开所谓的圆桌会议。但会议没有丝毫意义，始终以英国马首是瞻，简直是英国政府的独角戏。

1931年1月25日，伍德总督又出一招，下令释放甘地及国大党所有中常委，并撤消对国大党集会的禁令。

（四）

1931年1月26日，这一天，甘地等人被释放出狱，全国人民深受鼓舞。甘地参加了孟买的纪念会，当场宣布：

"仅仅释放中常委无补于现状。政府当局显然尚未觉察到这一运动已遍及所有群众，故其领袖们虽拥有声望，却决不能随意篡改行动的方向。"

老尼赫鲁此时已病重。1931年2月6日，这位为印度民族振兴事业奋斗终身的不屈不挠的斗士去世了。在他弥留之际，甘地一直陪伴其左右，并写了一篇感人至深的悼文。

而此时，甘地发觉和谈的事情应该提上日程，否则一小撮自称印度已自治的人会扰乱视听。他也相信自己有说服总督的能力。很快，他的电报就得到了总督的回应。

2月17日，甘地与总督都坐在了谈判桌旁。国大党的和平条款是大赦：立即停止迫害，发还被没收的财产，撤销基于政治立场给予公务员的惩罚；准许自制食盐；禁酒与洋布；调查警察暴行等。

甘地虽然只身前来，但他代表着整个国大党工作委员会的使命，因此他丝毫不敢松懈。英国政府以丘吉尔的强硬派把持，态度也很坚决。丘吉尔认为，丧失印度将是对英国的致命打击。而且他非常看不起甘地，有一次语出惊人地说：

"瞧那位伦敦大学法学院出身的长于煽动的律师，现在却装成东方人常见的苦行僧模样，半裸着身子，居然大踏步地走进副王府，在那儿一边与我们的皇帝代表呷茶交涉，一边还在继续煽动非暴力抵抗。"

和谈进行得相当艰难，常常因为微小的细节，问题就陷入僵局。如关于非暴力抵抗"中止"一词，甘地一贯表示，非暴力抵抗不能完全停止，因为它是人民手中唯一的武器，只能写暂停。伍德总督反对，要求使用含有终结意义的字眼。艰难的磋商结果是"停止进行"。

直到月底，谈判仍在艰难进行。为打破僵局，沙斯迭里又出来在中间调停，劝国大党工作委员会成员，只要大原则确定，不必太拘泥于细节。沙甫诺也劝总督不能断然拒绝国大党所要求的调查警察失职事件。双方都表示认可，并做了适当让步，谈判才有所进展。

3月5日，甘地和伍德在总督府签署了和谈协议。这漫长的谈判终于有了结果，二人以茶代酒，举杯庆贺。虽因地位和立场而未能产生友谊，但伍德仍然十分钦佩这位可敬的对手。甘地起身在告辞时忘了土布披巾，伍德为他拾起，并说：

"甘地先生，您知道，您身上本来就没有多余的东西，如果您乐意，当然也可以连这条披巾也留下来。"

"甘地—伍德协议"的内容主要包括：民事反抗停止进行，今后应在法律允许的范围内开展社会活动；英印政府答应释放未使用暴力的政治犯；政府拒绝修改食盐法，但准许人民自采自制并在居住范围内使用。

此外，还有包括撤销若干法令与特别限制，合法处置国大党活动程序，罚金的安排，财产的没收，辞职与解职人员的复职以及撤除军警监视等许多细目。

（五）

"甘地—伍德协定"虽然签订过程十分艰难，但仍有很多人并不买账，以尼赫鲁为首的国大党工作委员会就极为不满。最终经过痛苦抉择，还是予以通过，并开始严格执行。

对于即将离任的伍德总督来说，这是政府的缓兵之计，他们根本无意履行协议。对非暴力政治犯的释放工作也相当缓慢，很多人被关押了多年也没有被释放。尽管甘地多次呼吁，但政府均无动于衷。对于甘地要求减刑的三位爱国志士巴格特·辛格等人，政府更是直接执行了绞刑。

与此同时，各种冲突和逮捕也并未因协议的签订而中止，反而以其他名目进行着。德里协定具有很大的局限性，但甘地本人却信守不渝。他认为，如果国大党能坚定履行下去，可以提高党的声望，并让政府明白，国大党有能力领导运动也有能力履行协议。

对此，他排除万难，虽面对人民的白眼和不理解，仍全情投入，还利用各种场合解释自己对协议的看法和理解，规劝人们履行协议。

然而群众的士气已经大挫，他们当面指责甘地出卖工人的利益，还有人举黑旗喊"打倒甘地"，骂他是"独裁者"。和谈已经转移了人民的视线，很难重振旗鼓。同时，尼赫鲁和其他国大党人也很清楚：成千上万的英勇战士不能继续在监狱里煎熬。长久的和谈如果破裂，会面对人民更深的失望。因此，他们只得继续履行这个协议。

在1931年3月29日的国大党会议上，国大党想出席圆桌会议与英国代表协商争取由印度控制自己的国防、外交、财政等权利，因此授权甘地为出席圆桌会议的首席代表。甘地认为要消除教派分歧，他才能安心地参加大会。

"维持教派分歧"同样是英国的一个阴谋。为了便于统治印度，英国殖民者一直实行"分而治之"的策略，教派分歧越大，它越好控制。其实所谓的圆桌会议也是扩大教派分歧、拉拢少数教派的手段，而且每次圆桌会议都强调教派的和局部的利益，着重于这些分歧而不是共同利益。

以甘地为代表的国大党人并不了解这点，甘地单纯地以民族团结为己任，认为只有在有关各方之间事先对教派问题达成某种谅解，他才能去伦敦。但教派之间的冲突和分歧由来已久，并不是甘地单靠一己之力就能予以解决的。而英国方面，伍德总督任期已满，根本无意再蹚这趟浑水，新任总督更是鹰派铁腕人物，根本不理甘地的这一套。

与此同时，印度人民与英殖民政府之间的关系日趋紧张。因为在7月底，孟买省代理省督遇刺，刺客为一名学生。5天以后，亚里坡地方法院院长又被刺身亡，舆论普遍认为是国大党所为。

甘地左右为难。直到8月28日与新总督签订了第二次协定，称国大党如认为政府故意采取高压手段，有权恢复不合作运动，甘地才放心开始他的伦敦之行。

1931年9月7日，第二次圆桌会议在伦敦召开。不出所料，甘地屡屡受挫，这些代表只是英国政府的跟班，同声同气，最后只得无果而终。

会议期间，英王曾召见会议代表。有人认为，甘地这种苦行僧的装束入宫觐见不合定规，甘地则表示，如果要他换装，他宁可不见英王。结果甘地还是腰缠一块土布，身披一块土布，衣不蔽体地走进了白金汉宫，引起舆论哗然。当甘地被问及穿这身衣服是否合适时，他回答说：

"国王陛下有足够的衣服供我们俩人享用。"

12月18日，甘地心情沉重地返回了印度，政府并没有遵守与他签订的停战协定，而是加紧了镇压活动，和平终成泡影。

1932年1月2日，甘地主持国大党工作委员会会议，通过了恢复不合作运动的决议。可惜为时已晚，人民已经充满了失望、消沉与屈辱感，一时之间无法再组织起大规模的运动。

两天后，甘地和国大党主席又被送入了监狱。大规模的搜捕在全国展开，全国都陷入了白色恐怖之中。

第十三章 "哈里真"运动

心若改变，态度就会改变；态度改变，习惯就会改变；习惯改变，人生就会改变。

——甘地

（一）

1932年1月4日，甘地身陷囹圄，残酷的镇压和民众的灰心使甘地明白，他必须走进人民中去汲取养分，重新开始。身体的自由被羁绊，但心灵却走向更遥远的农村，他想用实际行动帮助那些不可接触的"贱民"。

印度的不可接触制度根深蒂固，由来已久。不可接触者也被称为"贱民"，他们是印度的种姓制度中有四大等级之外的一群人。人数广泛，占有印度人口比重的四分之一。"不可接触者"最早是那些屠宰、制革、埋葬、清扫等事物的人，他们被认为是最不洁净的人，因此遭到其他种姓的严重排斥。他们不会与"贱民"住在一个村里，不能与"贱民"公用水井汲水，甚至"贱民"也不能在公共道路上行走，与其他种姓说话也不能仰头正视。

甘地早就对这一制度深恶痛绝。早在1915年，他建立真理学院的时候，就曾经邀请过一家不可接触者来学校居住，以消除人们的这种成见。其实不可接触者并非肮脏不堪，当年孟买发生黑热病，甘地去各地检查厕所卫生时就深有感触，越是有钱人家的厕所越肮脏，反而不可接触者地区的家庭干净、卫生。

1932年8月17日，英国首相麦克唐纳推出印度的所谓"宪制"方案，决定为贱民设立单独的选举区，要把贱民与社会隔绝的陋习进一步制度化。这一举动让甘地甚为震惊，也加速了他帮助不可接触者的决心。

第二天，身在牢狱的甘地即对外宣布：除非首相撤销"贱民"阶级分区选举的规定，否则他将绝食至死。

甘地的绝食斗争在印度社会引起了极大反响。考虑到对这一伟人的伤害，许多印度教领袖呼吁甘地不要绝食，并表示会坚决支持他。尽管政见不同，但诗人泰戈尔仍写来书信，表达了对甘地的赞赏之情：

"为印度的团结，社会的正义，即使牺牲宝贵的生命，也是值得的。我们忧伤的心，带着我们的敬爱与你崇高的自苦同在。"

社会各界要求取消不可接触制的呼声也日益高涨，全印宗教领袖达成了协议：取消印度教中所谓"贱民"阶级。任何过去被视为"贱民"阶级的人，今后均享有和普通印度教徒一般的平等权利，包括使用公用水井、公共学校、公路及准许其入庙朝拜等。

迫于各方压力，政府最终也取消了这一政令。

9月26日，甘地停止了绝食。

（二）

虽然政令上取得了胜利，但根深蒂固的观念并不能一时之间被打破，一些顽固的印度教徒依然与"贱民"格格不入。在契拉诺邦一所印度教庙宇中，不准"贱民"入庙礼拜。甘地得知这一消息后，与印度教徒展开论战，用他雄辩的理论依据让印度教徒哑口无言。

甘地深知理论宣传的重要性。1933年2月11日，甘地创办了"贱民周刊"《哈里真报》（周报）。"哈里真"是"神之子民"的意思，甘地想借此表明不可接触者与印度其他人士同等的地位。在发刊词上，甘地阐明该报的宗旨乃是致力于解救"贱民"，并呼吁社会各界鼎力相助，以拯救4000万"贱民"脱离奴隶枷锁。

为更接近真理，甘地选择从5月8日开始绝食21天，作为一种清心的磨炼。政府担心甘地绝食后果严重，便在当天将甘地释放。出狱以后的甘地并没有放弃自己的绝食计划，同时他还呼吁政府释放一切政治犯，并以中止不合作抵抗一个月为交换条件，政府照样不予理睬。

在三周的绝食过程中，甘地深刻思考不合作运动的新方式。在接下来的国大党领袖非正式会议上，他提出：停止群众性的不合作运动改由个别的不合作斗争。他认为，个人的独立战斗更能发挥积极的作用，并且不可能被镇压下去。这一议题当即获得通过。

7月26日，甘地将他用18年心血缔造的真理学院解散，让学员们分别参加个人不合作运动，并准备本月底率领剩下的33名师生组成一支宣传队伍，深入农村及偏远地区宣传解救"贱民"思想。

政府自然不能容许甘地的激烈行为，8月1日，甘地与夫人、秘书戴赛及其他真理学院学生全体被捕。政府说可以释放甘地，但条件是：甘地不能离开浦那。

甘地出狱后，不改初衷，但走出浦那不久又被守候在那里的军警抓了回去，且被判处一年徒刑，还不允许甘地在狱中接见西方记者及发表讲话，以此来限制甘地的进一步行动。

8月16日，甘地又利用绝食这一致命武器与政府抗衡，并宣布直到"绝食至死"。政府以"不再从事非暴力抵抗"和'哈里真'运动"为释放条件，遭到了甘地的拒绝，绝食仍在继续。

一周后，甘地身体严重恶化，被送至沙桑医院看管。此时的甘地精神萎靡，意志消沉，并表现出前所未有的低靡，他还把自己仅有的几件心爱之物送给护士。眼看甘地悬于生死一线，8月23日政府妥协，并慌忙宣布：无条件释放甘地。

在食物的作用下，甘地渐渐恢复了健康，但前路依然艰难。选择非暴力抵抗，自然政府还会逮捕他，工作也无法开展。思量再三，甘地决定：停止非暴力抵抗一年，将主要精力集中在解救"贱民"及其他建设性工作上。

9月30日，甘地开始作募集解救"贱民"基金的长途旅行。他依靠自身的影响力，募得基金80万卢比。在一年的行程中，依靠顽强的毅力和热情，甘地共走过了2万多千米的路程。

（三）

就在甘地致力于消除种族隔阂的同时，国大党内部发生了巨大的分歧。由于此前领导的不合作运动高潮已然过去，国大党的右派势力有抬头的迹象，而以尼赫鲁为首的左派信仰社会主义倾向也越来越明显。两派越来越难以融合，且渐行渐远。

在乡野调查的甘地了解到这一变化之后，痛心疾首，他想凭借一己之力扭转这一变局。1934年4月7日，甘地发表声明，劝告所有国大党人停止非暴力不合作运动，由他一个人来从事这件工作。他想让大家放弃纷争，亲自参与国家建设，诸如自纺自织、提倡土布、消除宗教壁垒、解救"贱民"、禁酒与自洁等，开展一些切实可行且保护穷人的工作。

但是，他的做法让尼赫鲁等左派非常痛心。8月13日，尼赫鲁给甘地写了一封长信：

> 当我听到你停止不合作运动的决定，我很不愉快……感到前所未有的震惊，我已准备响应你的号召。不过你所提出的解释及对今后工作方向的指示，尤其令我困惑，我有一种突然的感触，里面一定有什么东西破裂了，它是我最珍贵的一种维系。在这荒漠的世界里，我感到可怕的寂寞。

甘地在感情上理解尼赫鲁，但思想上的鸿沟不可调节。对此，他再次发表声名，阐释很多人是出于对他个人的崇敬和罕有的忠心才跟随他的步伐前行的，其实，他们的很多想法跟甘地本人有巨大的分歧，"如果不是因为他们对我罕有的效忠，他们选择的方向必是与我分道扬镳"。加之他与左派的矛盾越来越激烈，他同样佩服尼赫鲁的勇气和牺牲精神，为了不与左派关系越来越对立，也为了各自开展适合自己的工作，虽然痛心疾首，但甘地认为如果不能从行动和思想上保持一致，他只能选择退党，这是目前最好的解决之道。

1934年10月28日，甘地宣布退党，从此致力于他的乡村工业建设。全场8万人一致肃立，向甘地致敬。

1934年12月14日，全印乡村工业协会正式成立，负责推广糙米与土面。虽然甘地致力于推进乡村工业建设，但政府并没有放松对他的警戒，各地方官员和警察都严密监视着甘地的活动。甘地一如既往，坦然地面对着一切：

"如果政府愿助我一臂之力，那是再好不过了。我所做的工作其实都是政府应当做的……我的一生是一张白纸，绝对没有任何秘密。"

甘地通过全印乡村工业协会、《哈里真报》向外传播他的思想，他亲自到全国各地宣传禁酒、基本教育、医疗卫生、节制生育等工作。虽然国内很多人对甘地表示怀疑，认为他远离政治斗争是逃避现实，但甘地依然做着自己认为正确的事情，正如朋友评价的一样：

"靠直觉和真理行事的人，自然不必在意流言蜚语。"

第十四章　为维护印度的统一

任何人只要作出和我一样的努力，胸怀同样的期望和信心，就能做出我所做过的一切。对此，我是确信无疑的。

——甘地

（一）

尼赫鲁不失为一位杰出的政治家，他与甘地风格迥异，但却互相欣赏。在甘地退隐之时，尼赫鲁成为这一时期最引人注目的政治人物。

1936年8月，国大党提出以竞选的方式选择党主席，尼赫鲁想借此宣传国大党纲领，吸引各阶层参加反帝斗争，如：争取完全独立，废除1935年印度政府组织法，改善工农状况，男女平等，废除"不可接触制"，释放政治犯等。

在甘地的支持下，这一提议提上了日程。1937年初的立法会议选举，国大党在各地取得了胜利，国大党工作委员会在瓦尔达开会，通过了新的立法政策：凡国大党籍议员均不得支持帝国主义政策，不得接受封号，同时必须身着土布，实践竞选纲领。

甘地仍然将工作重心放在乡村建设运动上。经过几年的深入发掘，他解决的问题越来越具体化，并提出了理想乡村的模式，即：备有完善的卫生设施，所有住宅空气流通、阳光充足，建筑材料应取自当地方圆2.5千米以内；家家应有菜园、庭院与畜栏；乡村中的道路与集市必须保持洁净；设有拜神集会的场所、合作食堂、初级与中级学校，讲习技艺；设长老会，排忧解难，制止纠纷；每一乡村应能生产所需谷物、蔬菜、水果与土布；等等。

为了使乡村工作得以顺利展开，他还组建了"甘地社"来推动这些建设性方案。

此时，以希特勒为首的德国法西斯同盟已然成立，第二次世界大战一触即发。1937年6月初，甘地返抵西迦昂，一位纳粹报纸的特派员去拜见他。甘地阐述了自己对武力征服的态度：

> 我了解希特勒不接受不用武力而能维持人类尊严地位，但我们之中却有人相信，采用非暴力也能赢得独立。如果我们必须被迫流血，那将是世界上最坏的一天。倘使印度被迫动武以争取自由与独立，势必将使世界上的真正和平不能提早实现。我已抛弃了刀剑主义，我已使它成为可能。我的结论是：人的尊严加上理智的爱，必能代替野性的残暴。

国际形式不容乐观，国大党内也同样不稳定。1937年11月中旬，甘地回到瓦尔达。国大党右派逐渐失去民心，人们的不满情绪急增，罢工、暴动、反政府游行不断发生。而国大党与穆斯林联盟及其他少数派关系也逐渐恶化，为此，国大党内要甘地出来工作的呼声日益高涨。

1938年4月1日，国大党加尔各答会议上，甘地决定亲自出马，代表国大党与穆斯林联盟代表真纳进行会谈。

（二）

1938年4月28日，甘地与真纳举行了会谈。在这之前，甘地几次写信给真纳，效果并不理想，因为真纳以顽固和雄辩著称，但甘地仍寄希望于与此次的会晤。

穆斯林联盟创建于1906年，其宗旨是在印度次大陆以武力建立穆斯林国家。而真纳与甘地渊源颇深。早期，他也曾是一位出类拔萃的律师，国大党著名领袖。同甘地一样，他起先也一直致力于维护印度教徒与穆斯林的团结，组成反对英殖民统治的统一战线。但随着甘地取得国大党的领导地位后，真纳不赞成甘地的不合作纲领，在1921年脱离国大党。

此后，他一直担任穆斯林联盟的实际领导者，致力于争取穆斯林的自治地位。1937年的选举，使得国大党取得多数席位，并损害了穆斯林的利益，真纳逐渐意识到"在印度教徒占优势的政党统治下的印度，穆斯林永远难以取得公平合理的地位"。因此，他更积极地开展穆斯林的自治运动。

这一基调为甘地此行打上了艰难的烙印，经过3个多小时的磋商，会谈没有丝毫的进展。

6月中旬，穆斯林联盟向国大党提出了11项要求：立即放弃以《祖国的命运》为国歌；目前穆斯林占多数的省区，不得重划行政区；穆斯林宰牛不受干预；穆斯林早课或礼拜不得干扰；应制定法案保障穆斯林教徒的基本权利与伊斯兰文化；宪法中应明文规定，穆斯林能平等享有一切国有建设；国大党不得再反对分别选举制，并不得指其为危害民族主义；制定法律保障乌尔都文；地方民意机构之组成应采用分别选举制；废止三色旗或承认穆斯林联盟族以同等地位；承认穆斯林联盟为唯一代表印度穆斯林的合法组织。

对于这些要求，印度教派占多数的国大党自然反对。不出所料，教派仇杀继续上演。而甘地这位圣雄面对这样的情况依然束手无策。

7月27日，甘地向国大党党员发表谈话，引咎自责，同时激励大家克服困难，坚定信心。

1939年1月29日，新一轮国大党主席的选举开始了，甘地仍然支持右派领袖席塔玛亚。而以鲍斯为代表的左派也毫不示弱，虽然很多人支持甘地转投席塔玛亚，但选举结果却是鲍斯获胜，他再次当选为国大党主席。

由于鲍斯在上届当选中一直主张坚决反帝斗争和激进改革，甘地对他非常不满。甘地一方面祝贺鲍斯的当选，一方面建议其余右派退出国大党，以表明自己的"失败"。因为甘地的地位和个人影响，其他人都遵照指示选择辞职。

面对这样的压力，鲍斯只得争取甘地，并表示：

"如果旁人都信任我，却丧失了印度伟人的信任，那是可悲的。"

随后的两派在较量中各有胜负，但因为甘地未能支持鲍斯的新计划，使得工作无法继续开展，鲍斯只得引咎辞职。

最后，以"团结"为口号的卜纳沙德当选国大党主席，左派力量遭到打击，从此一蹶不振。尼赫鲁也收敛了昔日的激进锋芒，致力于党内的实际事务。

（三）

1939年9月1日，德国闪击波兰，第二次世界大战爆发。3日，英国对德宣战。作为英国的殖民地印度总督同日宣布印度进入战争状态。

这一说法又刺痛了印度人民的神经。早在本年春，国大党即发表声明指出，印度不会为别人的利益而战。激进派代表尼赫鲁更是明确表示：印度是否参战只能由人民决定，英国强加的任何决定都必将遭到反抗。

印度总督召见甘地以试探国大党的口风，甘地以他一贯的光明磊落作风进入总督府，并表明：作为一个和平主义者，他不可能支持战争，但出于纯人道的考虑，他同情英法。

9月10日，大印度教会党通过一项决议，支持英国作战以保卫印度，但盼英国能扩大中央政府，并多征募印度兵员。18日，穆斯林联盟决议，除非能给穆斯林以公平待遇或征询穆联的意见以制定新宪法，否则不予考虑。

国大党也态度明朗，发布了由尼赫鲁起草的长篇决议，仍然立场鲜明地指出：

"关于印度战争与和平问题，必须由印度人民决定，如果英国不把印度作为一个平等国家对待，国大党就不可能支持英国作战。"

虽然协议的有些内容与甘地的不合作立场有出入，但甘地仍然热情地赞扬这份协议的"原则性立场"，并称赞它是"对所有像印度一般被压迫民族的宣言"。

总督邀请了50名印度各方领袖于9月26日赴西姆拉会商，其中包括甘地、卜纳沙德、尼赫鲁、鲍斯、帕迭尔及真纳等人。甘地在他主笔的《哈里真报》上发表《甘地的难题》一文，表明自己虽然同情同盟国，但却不打算像上次那样招募志愿兵参战，并坚持奉行非暴力原则。

1939年10月2日，恰逢圣雄甘地71岁诞辰。这位老人撰文《谢》，感谢那些支持他毕生所致力工作的人们。

10月17日，维克托·霍普再任印度总督。他在伦敦发表《白皮书》，依然老调重弹，没有做出任何让步。国大党非常失望，提出国大党将发动群众不合作运动的警告。

10月27日，在甘地的指导下，不合作运动开始了，国大党执政的印度8个省的省政府先后辞职。

1940年1月10日，维克托·霍普在孟买东方俱乐部发表演说，指出，英国准备在战后尽可能短时期给印度自治领的地位，但各少数派和印度各王公的合法权益与要求应得到保障。这又让甘地等人看到了希望。

2月5日，甘地与总督再次会谈，但在涉及到原则性的问题，英方仍然不肯让步，会谈又以失败告终。

第十五章　痛失夫人

一只羊生命的价值丝毫也不次于人的。我不愿意为了保养人身而去夺取一只羊的生命，我认为越是无助的生命就越需要人们的保护以远离那些野蛮的人。

——甘地

（一）

希特勒的利爪很快延伸到西欧各国，丹麦、挪威、卢森堡、荷兰、比利时等都成了他的囊中之物。英法联军也且战且败。英国张伯伦内阁倒台，丘吉尔组成战时政府。

此时的印度更是人心惶惶，动荡四起。国大党的主战派认为此时是最佳时机，若达成与英国的妥协，便能换来自治的要求。于是决定暂时搁置不合作运动的议论，表示只要英国承认印度自治，战时在中央建立一个临时国民政府，它即愿在战争中给予充分合作。

但是，这样的想法与甘地的主张是背道而驰的。甘地信仰他的非暴力主张，也认为只有它才能拯救全人类，他此时依然写文章呼吁"英国军队应该放下武器，以强大的内心赢得战争的胜利和敌人的妥协"。此时的主张自然遭到很多人的反对，人们甚至认为这样的论调是不合时宜的。

1940年7月3日，国大党工作委员会在德里召开紧急会议，会议不顾甘地的强烈反对，提出一项新的决议，要求在印度立即建立中央临时政府与各省政府密切配合，以动员一切力量共起卫国。会议决定不能接受甘地极端非暴力立场，国大党主席阿萨德在会上说，

"国大党是个政治组织，誓为国家赢得政治独立，它不是一个争取世界和平的机构。坦白地说，我们无法做到圣雄甘地要我们做的那些。"

甘地宣布引退。但是，国大党的这一举措，英国人并不买账。英国政府表示此时不宜讨论此事。

甘地再次回归，准备领导新的非暴力不合作运动。

英国政府知道甘地的立场，希望他不要反战，为此再度派遣总督维克托·霍普与之会谈。总督直接了当地对甘地说：

"你是全心全意地反对履行作战义务，并曾公开表示过。但我不能让你向任何人包括战士或军火厂的工人等，进行任何反战的宣传，削弱民心士气。因为说反战而不危害印度利益，包括你们所要求的言论自由在内，都是不可能的。"

善于雄辩的甘地立即反驳道：

"你和印度殖民事务大臣都说我们是自愿支持作战的，这一点必须弄清楚。绝大多数的印度人民对这一战争毫无兴趣，人民不愿支持一个为帝国主义而战的战争。

"老实说，印度人民更反对纳粹得胜，不过他们不以参战的方式表示反对。他们看不出纳粹主义与英国在印度的统治有任何区别。如果政府承认了印度所要求的自由，那么政府就可以说是得到了印度人民的支持。

"主战与非战者之间，本可立于平等地位，只要他们相互之间不使

用暴力。"

谈判的破裂昭示着新一轮的不合作运动即将开始。

（二）

甘地决定掀起新一轮的以争取"言论自由"为目标的不合作运动。同以往一样，一切活动都是公开的，他亲自挑选队员对群众进行反战游说。维诺巴·巴维——甘地的忠实追随者被第一个挑选出来。

1940年10月17日，巴维在华达附近的波拉村发表反战演说，宣称反战的唯一有效方法是遵循非暴力途径反战。演讲5天之后，他即被捕入狱。随即政府采取行动，封锁了新闻自由，甘地所主持的《哈里真报》也遭到查封。国大党的领袖也相继被捕，尼赫鲁被判4年徒刑，布拉姆·道塔被判刑半年。

11月中旬，甘地展开第二阶段工作，演说由个人改为团体。国大党工作委员会、全印委员会、中央及地方议会中的国大党籍议员集体发表反战演讲。过去在各省担任部长级职务的党员也纷纷到街头巷尾，高呼反战口号。这一时期的政府当然也绝不手软，一批又一批党员相继入狱。

1941年1月5日，甘地开始了第三阶段的非暴力抵抗运动。从基层选取党员，走遍一个又一个乡村，召集群众大会，发表反战演说，直至被捕。到1月底，有2250人被捕入狱。

4月是运动的高潮期，所有各级党部的中下级干部均报名参加为志愿队员，进行反战宣传，超过2万的人走上街头，被捕入狱。

与20年前的非暴力不合作运动相比，这次运动松散而影响扩散，甘地只想让非暴力抵抗成为一种道义上的抵制。而此时国际形势发生的迅速变化也影响着印度的时局。

1941年6月，苏德战争爆发，德军以强大攻势向苏联腹地推进，日本的战线也向南扩展。此时，印度的地位凸显出来。英国政府不能无视，12月3日，印度政府释放了所有参与非暴力的被逮捕人员，包括尼赫鲁、阿扎德等。

5天后，太平洋战争爆发，国大党内部分歧更加剧烈，主张"为自己的自由而战斗，同意与他们努力合作以制止侵略"的观点占了上风。甘地仍然坚持他的原则，声称"不论我是否孤立"也要坚持。

甘地再次被免职，取而代之的是尼赫鲁。

与此同时，丘吉尔也面临着巨大的压力，他最终同意对国大党作出让步。1942年3月11日，丘吉尔派遣了性格温和、办事老练的掌玺大臣克里浦斯前往印度和谈。

3月22日，克里浦斯抵达新德里，并抛出了"克里浦斯方案"。此方案有一定的妥协性，提出了"建立印度联邦，并将给予它以自治领地位"的措施，但它远远不能满足国大党的要求。特别是其中规定"英国仍将掌管、统治和指挥印度国防"这一条，国大党无论如何也不能接受。

4月2日，国大党通知克里浦斯，表示不能接受方案。克里浦斯为此请求专门会见甘地，但遭到了甘地毫不客气的拒绝，克里浦斯只得无功而返。

（三）

当所有的出路都行不通的时候，甘地试图重新创造一条出路。他甚至提出了"英国自动退出印度"的想法，于7月6日得到国大党大会通过。这一决议并没有太明确的目的性，只是在向英国政府施压。

此时，国大党仍然寄希望于甘地的声望和不合作的努力，并通过了由甘地继续领导不合作运动的决议。

1942年8月8日午夜，甘地用他擅长的语调对国人发出呼吁：

"我要求立即获得自由，为此，我向你们提出一个神圣而极为简单的办法：或者行动起来，或者走向死亡。"

埋伏在周围的警察早已准备停当，牢房正在此等待着这位耄耋斗士。与以往不同，甘地对这次入狱毫无心理准备。但政府已经做好了打算：将甘地关押至战争结束。

既然逮捕是有预谋的，自然镇压也是早有准备。面对群众的愤怒和抗议，印度总督又拿出了自己擅长的铁腕政策。据不完全统计，截止11月底，死亡群众近千人，被拘押者超过6万。

1943年2月8日，被囚禁了5个月，甘地没有获得任何自由。他抗议政府的镇压行动，并宣称从2月10日开始绝食21天。丘吉尔对甘地的行动气愤不已，竟然在致总督的信中指示：如果甘地打算绝食至死，就随他的便。

同时，政府还颁布了一项长达数千字的公报，宣称甘地坚持在狱中绝食3周，这不是政府的过失。

然而，印度民众仍然十分担心，这位74岁高龄的老人能否挺过这一关？绝食进入的第四天，甘地的心脏益见衰弱。8天之内，甘地的体重减轻了约6.4千克，性命堪忧。12天以后，甘地已进入了弥留阶段，只有一息尚存。

尽管全印度各派领袖纷纷谴责政府所为，各国报界纷纷呼吁英国政府释放甘地，英国政府仍然无动于衷，并私下开始准备甘地的死后事宜。

就在甘地即将进入死亡之门的时候，这位意志坚强的老人竟然奇迹般地恢复过来。也许是他未竟的事业让他不能就这么离开。从第13天开始，甘地的神志开始渐渐清醒。3月3日上午9时，他顽强地挺过了21天绝食期。全国为之欢庆。

弥留之际仿若重生，让甘地更加顿悟。他恢复了惯有的平静心态，并以书为友，开始了大量的阅读工作：莎士比亚、白朗宁夫人、萧伯纳，甚至于马克思、恩格斯、列宁、斯大林，这些人的著作他已经翻遍。

这一段难得的日子也使他完成了多年的夙愿，让妻子开始会读会写。这位坚毅的夫人在甘地入狱后的第二天也被捕了。他们相扶相伴走过了60多年的岁月，他替夫人编写简易读物，教她史地与诗歌。

监狱的环境毕竟恶劣，夫人身体也大不如前，病情越来越重。尽管甘地写信给政府要求派遣医生前来诊治，但政府根本不予理睬。

1944年2月22日，卡斯图巴这位始终坚贞不渝地支持丈夫的事业，并作为其亲人、战友、厨子、母亲角色的终身伴侣，远离了他。共同走过了64载的风雨人生后，夫人先他而去了。

2月23日，150名亲友前来狱中为甘地夫人送葬。陷入极度悲伤的甘地守在夫人的遗体旁，首次神思恍惚地面对众人点头致意。

甘地夫人的葬礼简单而隆重。在囚禁他们的阿格罕内搭了一处临时的火化场，颂完几段《薄伽梵歌》与《可兰经》后，甘地夫人的遗体便被放上支架，点燃了檀香木，火花一点点吞噬了她圣洁的躯体。整整6个小时，甘地眼泪婆娑，扶着一根棍子倚在火前，久久不肯离去。

巨大的悲伤加之恶劣的环境，甘地很快也病倒了。丘吉尔政府已经迎来了战争的胜利，他不希望甘地扫他的兴。5月6日，政府无条件地释放了甘地及其战友们。

这是甘地一生之中最后一次牢狱之灾，而且这次与以往不同，甘地的心情分外沉重。他的夫人也没有看到他们出狱的这一天，永远地留在了这里。

第十六章　印巴分治

　　肉食对我们人类来说是不适宜的。如果我们比动物高等的话，那么我们重复动物的行为就是错误的。

——甘地

（一）

　　1945年5月9日，德国正式签署无条件投降书，宣告欧洲战争取得胜利。但英国也因此大伤元气，其庞大的殖民体系难以为继。战争使得那些被长期压迫的殖民地民族解放运动蓬勃发展，印度亦然。

　　解放独立已成为大势所趋，1945年6月14日，印度总督阿奇博尔德·韦维尔发表广播讲话，表明了英国的立场。其要点包括：英国政府不能将一个自治机构强加给印度，新宪法由印度自拟，同时政府将竭尽所能根据现行制度与印度人民及各教派合作；中央政务会议（行政议会）即将改组，除总督及统帅外，所有其他委员均由印度人士担任，印度政治领袖、印度教及穆盟领袖各占三分之一，外交部长及国外代表也考虑由印度人充任；总督准备立即召集会议，以便改组行政议会，会中将由各党领袖、各省现任及前任首席部长提出政务委员会参考名单；中央合作，各省自当推行责任政府制。

6月25日，改组会议在西姆举行，总体形势虽然大好，但穆斯林联盟与国大党的矛盾此时也开始凸显出来。真纳认为，国大党只能代表印度教派，而穆斯林教派该由穆斯林联盟的人担任。双方就这问题无法达成一致，裂痕也愈来愈深。

1945年7月26日，主张改革的工党政府赢得大选，更加速了英国的非殖民化过程，并决定于1945—1946年冬季举行印度中央与地方议会选举。雷厉风行的工党希望尽快帮助印度完成制宪，组建新政府，从而早日扔掉这个烫手的山芋。

11月10日，总督韦维尔约见甘地，希望他帮忙处理善后事宜，使得政权平稳移交。这位古稀老人终于要看到印度独立的曙光了。他情绪高昂、精力十足地参与进来，深入基层开展演讲，宣传他的非暴力主张和社会政治观，还推广他的自然疗法。因为战争和医疗设备的落后，印度的死亡人数激增。甘地的亲切和他所带来的疗法，让人民的身心得到了暂时的解脱与安慰。

然而，教派冲突仍然是甘地所揪心的问题，这个问题甚至危及到了他的个人安全。从1946年3月起，甘地将每次寻访的居住地都尽量选在"贱民"区。他力图通过这一实际行动让人民善待"贱民"，做到一视同仁。

这一举措引来了少数印度教徒的不满，他们开始仇视同为印度教出身的甘地。1946年4月1日，甘地动身前往德里，准备住进"贱民"区，有50多人手举黑旗，叫着反对国大党的口号，向甘地投掷石子。甘地虽然不曾受伤，并依然坚定地搬进去，但在一路的宣传中到处都遇到这样的行为，个人安危实在堪忧。

4月29日，甘地以《独立》为题撰文，展示了他对独立的理解：

……独立应该是政治、经济和道德的独立。政治的独立是必须撤走任何形式的英属管制；经济的独立是不再受英国的资本和资本家的剥削，包括印度的合伙人在内。换言之，最卑鄙的应该与最高贵的平等，这只有资本家以其技术与资本和最贫弱的人共享才能办到；道德的独立是必须取消国防军。

我的人间天国不允许以印度兵代替英国兵，国家如靠军队保护，国民的道德决不会好。如果内阁代表团是来推销货物的，印度便应当抉择；如想变成军国主义，则多年以后，印度可能成为第五大强国，而毫无贡献于世界。如果选择以非暴力为政策，则终必能成为世界第一等的国家，且能以其首创的自由，拯救世上其他被压迫的民族。

（二）

为免夜长梦多，英国政府组成了一个内阁大臣特别使团前往印度组建新政府。

1946年4月27日，谈判再次启动，然而因国大党与穆斯林联盟互不相让，谈判再次破裂。

5月16日，英国代表团不得不宣布自己的方案：以建立印度教徒区和穆斯林区作为和解的基础。这个方案要点是：英属印度各省组成联邦政府，掌管外交、国防、交通与财政，各省享有完全的自治，掌管除联邦权利以外的一切事务。印度教占多数的省区组成印度教联区，穆斯林占多数的省区则组成穆斯林区。

这实际上意味着，穆斯林联盟可以建立"巴基斯坦"。

对制宪机构的选举机构规定也是以教派划分为基础，每一个省立法议会的议员分成3个主要教派组成的集团，按一定比例，选举他们自己参加制宪机构的代表。

至于印度各土邦，当新宪法生效时，英国政府将停止实施最高权力。这样，在法律上土邦可以自由加入印度联邦或保留他们的分散、独立状态。

由于教派冲突和长期的"分而治之"，这也是最佳折中方案。甘地虽然对此不满，但也不得不承认，这是当时形势下"英国所能提出的最好方案"。

很快，两大党派均同意了这一折中方案，并举行党内投票。

眼看胜利来临，一些人的私欲又开始急剧膨胀了，有人给甘地写信要求谋个一官半职，甘地依然保有他一贯的光明为人的作风，公开撰文表明自己的态度：

> 以为这样的选举含有教派斗争的意义，是错误的想法；认为每一个人都可以作制宪会议的议员，也是错误的想法；认为只要能作工人运动的人就可以把握一个服务的岗位，而且是很光荣的服务，这也是很错误的想法；希望借此赚钱生活，那更是荒谬的想法。
>
> 制宪会议的议员们至少要了解各国的宪法和议会政府，特别是要懂得印度需要一个什么样的立法。倘以为只要争到一个席位，那才是真正的服务，便是低劣的念头，真正的服务是在议会以外。

1946年7月，全印举行制宪议会的选举。由于国大党在领导民族运动中的深入人心和长久的群众基础，210个"一般人"的席位中，国大党获198席；在78个穆斯林席位中，穆斯林联盟获得73席。其余的席位也大部分被国大党取得。真纳见情况不妙，7月29日，穆斯林联盟决定全面撤消对内阁使团计划的支持，并准备"借助于直接行动来建立巴基斯坦"。

8月16日，这一天被穆斯林联盟确定为"直接行动日"。这一天加尔各答火光冲天，教派仇杀持续了24小时之久。英国政府撤掉了所有的警察，任其自然发展。

甘地愤怒不已，当晚即写下《暴力有何用途》的社论，谴责加尔各答的暴力行为。他说：

"暴行的结果只会延长英国的统治，英国人是要在印度和平的状态下，将政权交还给印度手里的……"

国大党工作委员会也积极响应甘地的说法，呼吁大家尽力阻止暴乱，维护和平。

（三）

1946年9月2日，尼赫鲁组成了一个由国大党提名的临时政府。甘地呼吁国人要摒弃前嫌，善待英国人。不论印度教徒还是穆斯林，彼此都是兄弟手足，必须相亲相爱。同时他还指导临时政府迫切需要解决的问题：取消盐税，教派亲善，解放"贱民"，进行土布运动。

穆斯林联盟没有参加临时政府，虽然后来因英国代表的调解而勉强参加，但并没有放弃建立巴基斯坦国的计划。

1947年新年伊始，穆斯林领袖再一次提出要求分治，博得了英国人的同情。甘地对此忧心忡忡，一个新的计划在他的心中升腾。他准备游说四方，像古代圣者那样，以此说服民众实现一个独立而统一的印度。

1947年1月至3月，甘地以孟加拉为中心开始游历四方，前后行程185千米，走访了47个乡村，随后前往德里。

甘地每次都选择最艰苦的条件居住，如果没有人接待，他就在树荫下歇脚，依靠着村民施舍的水果、蔬菜、山羊奶和椰子汁等度日。并坚持每天凌晨2点起床，诵读《薄伽梵歌》，然后晨祷。他还坚持用铅笔书写回信，要用到手握不住才肯扔掉。

甘地除了想消除印度教徒和穆斯林的隔阂外，还借此传播卫生，建造厕所，提倡自然疗法，宣扬纺织土布等各种知识。每晚他都举行祈祷大会，邀请当地穆斯林教徒参加。虽然晚祈常常被震耳欲聋的咆哮声打断，但甘地仍然平静且泰然面对，他将非暴力手段运用到了极致。

就在这位行者奔走呼号，为医治裂痕清洗创口的时候，印度的政治局势迅速变化，整个国家的分治已日益迫切。

1947年2月20日，英国政府发表声明，宣称它的明确愿望：不迟于1947年6月将权力转移给负责的印度人手里。同时还派来了东南亚盟军司令部统帅蒙巴顿继任印度总督。目的明确，让英国撤离印度尽快完成。

蒙巴顿计划与印度的三位主要领导人进行单独谈判。如达不成协议，他将让印度分治。他会见了尼赫鲁，并很快达成一致。但他清楚，他还必须征得甘地的同意。

1947年3月31日，刚刚从三等硬坐车厢下来的甘地与蒙巴顿进行了会晤。三次会晤的结果是甘地宁肯将新政权拱手让与穆斯林，也不想眼见一个分裂的印度。他还提出，由自己去说服国大党人放弃新政权。

甘地的理想主义和不留恋任何得失的行为虽让国大党人敬佩，但并非谁都能做到这一点。在一个破旧的小屋里，国大党的领袖们齐集于此。尽管这位先哲再三呼吁，费尽口舌，始终未能说服这些昔日出生入死的同志们，裂痕无可避免地再次出现，甘地的最后一丝努力宣告失败。

1947年4月上旬，蒙巴顿开始了他最艰难的谈判。真纳是一位坚忍不拔的穆斯林领袖，决定为他所忠于的穆斯林兄弟争取最后的利益。因而，无论蒙巴顿将军如何游说，都无法打动他建立巴基斯坦国的决心。他说：

"印度和穆斯林就如同两个争夺家产的兄弟，一旦财产分割完毕，又会重归于好，亲密无间。"

同时他还指出：

"印度从未形成一个名符其实的国家，它不过是在地图上以一个国家的形式出现而已。而印度穆斯林构成一个国家则是天经地义的，因为它拥有自己的文化、文明、语言、文学、艺术、建筑、法律、伦理道德、风俗习惯、历法以及明显的历史和传统特征。为了建立一个富有生命力的国家，穆斯林绝大多数省份必须全归巴基斯坦。"

经过理性的分析之后，蒙巴顿采纳了真纳的建议，决定采取分治，并在最短时间内起草了分治计划。在征得11个英属总督的同意之后，他致电尼赫鲁，国大党也表示赞成。

1947年5月2日，蒙巴顿将政府批准的分治方案副本向尼赫鲁透露。尼赫鲁经过仔细研究发现其中有些措辞不当的内容容易引起教派冲突，于是双方就重新修改以达到完善。

南非的义务工作为甘地赢得了声望，他成为印度侨胞的代言人。为了感谢他的帮助，在他回国的告别宴会上，很多相熟的南非印度侨胞朋友送给甘地礼物，其中还包括一条价值昂贵的金项链。收到礼物的甘地十分不安，因此，他将所有能退回的礼物都一一退回，并准备了一份托管契约，将不能退回的存在银行里，根据托管人的意愿，为南非印度侨团服务使用。

第十七章 新一轮的暴乱与仇杀

真理的精神遍布各地、处处皆有。但若想面对它，必须像爱护自己那样爱护地位最低微的人。

——甘地

（一）

1947年5月，对于甘地来说是苦涩不堪的。他虽然多次致函蒙巴顿将军，希望英国人不要分裂印度，但大势已经不可更改。

1947年6月2日，总督从伦敦火速赶往德里，宣布了英国政府通过的新方案。为防止甘地有其他举动，当天中午的12点30分，蒙巴顿立刻在办公室约见甘地，并试图说服他。

这天恰好是甘地的静默日，他静静地听着总督叙述完方案。随后，这位古稀老人从拖地的下摆里掏出一团皱皱巴巴的信封和一支铅笔头，一笔一划地开始书写答复。答复既不失礼又让人难过：

"我为不能和您谈话感到难过，当我决定每周一静默时，我规定必遇下列两种情况方可破戒：一是与主要人物商谈紧急要事，二是医治病人。我心里明白，今天您不希望我打破静默，但我有一两件事需秉告于您，然而今天不宜交谈，如有机会，来日再谈。"

写完，老人起身离去，背影消瘦而孤单。

6月3日晚，总督蒙巴顿和各教派代表通过广播，向各自代表的人民宣布，印度已划分为两个独立的主权国家。

6月4日，甘地本准备在当晚的晚祷会上公开谴责分治方案，但蒙巴顿将军立即派人去邀请甘地，并使出浑身解数，力图说服甘地相信蒙巴顿方案的精神也合乎甘地一直主张的让印度人民自由选择的思想。甘地渐渐开始冷静且隐忍，他再一次禁声。

此时谣言四起，不少人把对分治的不满都迁怒于甘地身上，认为正是甘地迁就真纳，才导致这样的结果，并指责甘地已软化，向虚伪低头。

6月9日，甘地用书面作答，他说：

> 我坦率承认，我已成为或已被认为是落伍的人物了。我们都忘记了过去30年的教训，我们也忘记了唯有真理可胜过虚伪，非暴力才能战胜暴力，坚韧可以克服浮躁，冷静可以镇压激动。我们已开始畏惧自己的影子了。很多人请我来领导反抗，但除了反抗一事外，他们和我之间没有一点是相同的。他们的反抗动机和我完全不同，爱与恨怎么能够合作呢？

尽管分治并非甘地所愿，但他仍然秉着真心和爱去安抚那些受伤的心灵，并撰文著述，还亲自前往难民区。

7月4日，英国国会通过了印度独立法案并明确规定：8月15日，印度和巴基斯坦两自治领将分别独立。届时，英国政府将放弃英属印度政府任何领土上所负责任及国会在两个自治领内的管制。同时，英国在印度土邦及边远地区的最高权利也予放弃。

急转的形势让各种极端手段抬头，旁遮普省是悲惨事件的开始地。各种暗杀和血洗事件随即而来，恐怖组织不断发出行动指令：锡克人担任炸毁开往巴基斯坦的专用列车的任务，印度教徒则乔装成穆斯林，潜入卡拉奇城，埋伏在8月14日真纳乘车离开国民议会前往官邸的沿途，伺机刺杀穆斯林联盟领袖真纳。

（二）

加尔各答城是恐怖事件层出的暴力之城，早在一年前的大屠杀就使这里教派仇杀逐渐升级。为了应付即将发生的暴力和流血事件，蒙巴顿组织了一支由5.5万人组成的特种部队，并发布48小时宵禁令。这些也不能防于万一，在此危急之时，蒙巴顿想到了甘地。

甘地与蒙巴顿的想法不谋而合，他准备在印度独立的日子里进行祈祷、纺线，并在位于孟加拉南部的诺阿卡利县惶恐不安的少数族居民中绝食。

面对加尔各答一触即发的形势，旁遮普省省长、穆斯林领导人赛义德·苏拉瓦尔蒂也前来向甘地求援，他希望甘地能够拯救加尔各答。

甘地义不容辞地答应了，并提出两个合理条件：苏拉瓦尔蒂必须向诺阿卡利县居多数的穆斯林作出庄严保证，绝对保证印度教居民的生命安全，如果有一名印度教徒遭到杀害，甘地将绝食至死；苏拉瓦尔蒂必须日夜和甘地住在一起，生活在加尔各答城最肮脏不堪的贫民窟中心，同时不带任何武器和保镖，两人一起在贫民窟内用生命作为抵押，以换取加尔各答城的平静。

1947年8月13日下午，甘地来到加尔各答印穆杂居的乱区贝利亚加达大街，下榻在一处穆斯林的老宅——海达利公馆。这处老宅的主人早年都被印度教徒杀害了，因而甘地的这一举动立即引起印度教徒的不满。他们聚集在房子外抗议，并向甘地投掷石头和砖块。

甘地依然用他的胸怀接纳着这一切，平息着这一切。当他坐车游历贝利亚加达大街时，群众将他团团围住，并向他投掷石头。甘地随即打开车门，说道：

"你们恨我？好吧，我来了。我是为捍卫印度教徒，也是为捍卫穆斯林而来！你们有权反对我，如果你们愿意这样做的话。我的一生也快到头了，我没有多少日子好活了。但是，与其看着你们陷入疯狂中，还不如我马上死去。"

人们的情绪渐渐缓和下来。接着，甘地耐心细致的说服工作也开始了。这位质朴、温和而宁静的老人，让人们再一次感受到了心灵的宁静与慰藉。

8月14日，真纳没有出事，加尔各答也没有出事，甘地的周围被平静包围着。像往常一样，他拖着骨瘦如柴的身影出现在门口，参加每日一次的晚祷。

独立的前夜，甘地被1万多名群众包围。他满怀深情地说：

"从明天起，我们将摆脱大不列颠的桎梏。但从今日子夜起，印度将一分为二，喜庆之时也是痛苦的日子。

"如果加尔各答恢复理智，维持手足之情，那么整个印度也许能得救。但如果兄弟残杀的战火蔓延到全国，我们刚刚获得的自由将不复存在。"

甘地表示会绝食24小时，并且不参加印度独立的庆祝活动。

（三）

8月14日午夜时分，印度终于挣脱了英国殖民统治的枷锁，宣告独立。新总理尼赫鲁对全国发表演说：

"多年以前，我们曾相信命运，如今命运注定的时刻已经来临。午夜时分，当世界正在酣睡之中，印度奋起获得了新生和自由。一个历史上罕见的时刻业已来临，这正是我们告别旧世界，迈向新世纪，宣告结束一个旧时代，一个长期备受压抑的民族心灵获得解放的伟大时刻。"

这一历史时刻，尼赫鲁代表全印度人民表达了对甘地的深切敬意：

"在今天，我们第一个想到的就是我们自由的缔造者，我们的国父。他弘扬了印度立国的传统精神，高擎着自由的火炬，驱散了四周的黑暗。我们时常不配作他的追随者，违背他的指示，但不只我们，我们的子孙后代均将铭记国父的指示，铭记这个伟人，铭记他的信心与力量、勇敢与仁爱的精神。我们将决不让自由之火熄灭！"

而此刻，这位孤独的老人，这位"自由的缔造者、印度的国父"正躺在海达利公馆的草席上沉沉地入睡。

8月15日，成千上万的加尔各答市民来到海达利公馆，但却并没有见到甘地的身影。各路记者也纷纷前来，同样没有得到他们想要的只字片语。甘地只想以独特的方式表达他的祝愿：绝食、纺纱、祈祷。

独立之夜，仍然尸横遍野，古城拉合尔发生了仇杀，首都德里和孟买东南的浦那城出现了威胁、恐吓和骚乱，甚至狂热的极端分子发誓要为印度复仇，铲除甘地。

然而，加尔各答却出奇地平静。由于甘地的祈祷，这里出现了前所未有的理智与宽容，印度教徒和穆斯林的女人和孩子还互赠甜食。

甘地依然一边手摇纺车，一边告诫人民要理智与宽容。8月16

日，甘地以《奇迹或偶然》为题，发表了重要社论，阐释加尔各答的奇迹是因为"喝过仇恨之酒，再接受了友爱的甘露，将更应珍视这来之不易的胜利"。

然而，这一切只是暴风雨前的宁静。

8月16日，两个新国家边界揭晓，新一轮的暴乱和仇杀开始了。

新政府对局势完全不能掌控，警察部队瓦解了，滥杀造成50万无辜平民丧生，从印度和巴基斯坦相互逃亡的人数达1200万之多。除了甘地坐镇的加尔各答以外，包括旁遮普省等12个省已全部处于血泊之中。

与之形成鲜明对比的是甘地的祈祷会，人数由1万、10万，一直增加到100万。在四周都是狂热暴乱的世界中，加尔各答犹如一方净土，百万信徒组成了一个宁静的方队，聆听着一种声音的教诲。这个奇观使得全世界都为之瞩目。

"这座城市是印度的奇观。"《伦敦时报》这样报道。就连蒙巴顿也致函甘地：

"在旁遮普，我们有一支55000名士兵组成的别动队，他们被大规模的暴乱弄得一筹莫展；在孟加拉，我们的干预部队只有1个，但那里却没有发生任何暴乱。"

第十八章　最后的斗争

生由死而来。麦子为了萌芽,它的种子必须要死了才行。

——甘地

（一）

加尔各答的奇迹也仅仅持续了16天而已。1947年8月31日晚10点,当甘地正躺在草甸上准备就寝时,一群狂热的印度教徒冲了进去,声称要见甘地。甘地镇静地回应说:

"我在这儿,你们杀我吧!"

此时,两名浑身是血的穆斯林挣脱人群,迅速躲藏到甘地身后,随即一根根木棍向他们飞去。因为甘地个头不高,才幸免于难。最终姗姗来迟的警官帮助甘地解了围。

随后一系列精心策划的袭击开始了,这些都是国民公仆极端分子所为。这一事件让甘地感到十分痛心。为了让加尔各答恢复理智,让无辜的人幸免于难,甘地决定孤注一掷,以个人生命挽救众生之命。他再次对外发表声明,决定从9月1日起开始绝食,一直到动乱结束。

此时的甘地已是78岁高龄的古稀老人了,此次绝食对他来说也是极限的挑战。最近长时间的奔波又让他精疲力竭,绝食刚开始几个小时，甘地的体力就很快衰竭。至午夜，他的声音已经含糊不清了。

所有加尔各答城的人们都听到了这一悲痛的消息，人民借助收音机了解甘地身体的变化，每一次预告都让大家揪心，一批又一批焦虑不安的人们前来海达利公馆看望他。但暴力并没有停止的意思，纵火、杀人、抢劫仍在继续。

印度教派和穆斯林教派知名人士纷纷来到甘地卧榻前，请求甘地停止绝食。

第三天凌晨，甘地的身体状况严重恶化。此时，事情出现了转机，一股友善的浪潮席卷了这座都市，甚至印度教徒和穆斯林教徒也都联合起来游行，呼吁恢复平静、停止仇杀。中午时分，还有27名市区的极端分子来到海达利寓所门前，承认了自己的罪行。晚祈之前，全城恢复了平静。

为了挽救圣雄的生命，印度教徒、锡克教徒和穆斯林领导人立刻起草了一项共同声明，庄严保证阻止宗教仇恨的再次发生。

9月4日晚，甘地终于肯进食了。他饮了几口桔子汁，宣告73小时的绝食斗争结束。此时，甘地的老友，孟加拉省督拉贾戈帕拉夏查理说：

"甘地建树过许多丰功伟绩，然而最为神奇的乃是他在加尔各答战胜了邪恶，其意义甚至超过了印度独立。"

加尔各答的暴乱虽然平息了，但心挂整个印度的甘地却没有停止斗争。在身体刚刚恢复一点后，他就迫不及待地前往旁遮普省的其他地区游说。

就在这时，首都新德里却出事了。因为大量的穆斯林难民涌入其中，印度教极端分子便在9月3日早晨对其发动了仇杀。开始只杀害穆斯林苦力，随后便洗劫了穆斯林商店，打死商店老板。虽然新总理尼赫鲁亲自上阵指挥驱散暴乱分子，但仍然不敌汹涌的人群。

9月6日，无计可施的总理尼赫鲁急招正在休假的蒙巴顿帮忙出面组织应急委员会。

甘地也随即改变了计划，转去新德里。"贱民"区已人满为患，只能住在朋友比尔拉的公寓里，一切安顿就绪。

9月10日，甘地立即视察了难民区，并发表了一篇动人心弦的演讲。讲话中对新德里如何变成一座死城而惊讶，也指出"政府应负责，人民也有责任"。

甘地的视察收效甚微，甚至还常常受到刁难。一次，在一座难民营的出口处，一位男子把他的孩子的尸体扔到甘地怀里；还有一次，甘地在无人护卫的情况下进入难民营，一群被仇恨激怒的人围住他的汽车狂喊乱叫。但甘地依然一如既往地保持着冷静和仁慈，并在其主办的《哈里真报》撰稿，呼吁人民遵纪守法，勿施暴力。

（二）

1947年10月2日，甘地迎来了78岁的生日。与往常一样，祝贺的信件和电邮如雪片般涌来。各界领导人、难民、印度教徒、锡克教徒和穆斯林相继来比尔拉官邸，向甘地祝贺。但甘地却丝毫高兴不起来，他一脸忧郁地坐在那里，一边纺车，一边语气低沉地说：

"你们要祈祷神灵，以结束目前的敌对状态；或为我早日离开人间而祷告上苍，我不想在烈日纷争的印度过生日。"

斋戒、祈祷、纺纱是甘地在生日这天唯一所做的几件事。

11月末的一天晚上，新德里东北90千米的小城帕尼帕特又发生锡克教徒屠杀穆斯林事件，甘地驱车前往那里，平息了动乱。面对汹涌的人群和愤怒的脸孔，他依然不改本色，深入浅出地讲述信仰自由、宗教平等的理论，用他博大的爱设身处地地安抚着受苦受难的难民，恳请他们摒弃暴力和仇恨，发扬理智和宽容。

几个小时之后，帕尼帕特的居民倾城而出，拥戴圣雄的离去。

除了暴乱让这位哲人忧心之外，新政府同样让他痛心不已。他越来越深刻地发现，那些昔日的追随者和革命战友根本无意执行他早年的理念，而是坐在功劳簿上日益腐败。为此，他开始不断在周刊上发文指责政府的这些作为。

他看到，首都新德里的局势根本没有得到缓解，政府只是采取武力手段镇压而不是依靠人们心灵的自救。甘地相当清楚，这样暴乱并不会从根本上平息，很快就会卷土重来。而且新政府扣留了巴基斯坦的5.5亿卢比的款项，拒不归还。这让甘地甚为失望，觉得有损印度国格。

甘地的这一系列举动让新政府的领袖们大为不悦。而且，他们也不愿意再去请示他了。

甘地永远不会屈服，这位忧伤的老者再一次拿起了自己唯一的武器——绝食。这一次，他决定进行无限期绝食，直至新德里恢复平静和政府答应偿还巴基斯坦的款项。

1948年1月13日，甘地绝食开始，这一次以命相抵的斗争是他人生最后的绝响。

尼赫鲁、摩奴、阿巴、秘书普雅雷拉尔·纳耶尔等参加了早上的祈祷仪式。11点55分，绝食开始，甘地躺在草褥上，渐渐进入梦乡。

反复的绝食且以条件相胁，已经使很多人产生了沮丧甚至反感的情绪。新德里的难民营又冷条件又恶劣，这些难民占领了清真寺寻找温暖的栖身之地。而甘地要求他们再回到难民营去，这触犯了他们的利益，他们相当不情愿。

　　至于偿还巨额问题，国大党的很多部长也不以为然，并开始认为甘地绝食自毁是有偏见的阴谋诡计。一向憎恨甘地的国民公仆团听到这一消息，更加仇恨他，且加紧了铲除甘地的决心。

　　而甘地只是遵循自己内心的声音。在例行的晚祷中，他用气若游丝的声音说：

　　"我要使新德里经受一场考验，无论印度和巴基斯坦发生多么严重的屠杀事件，我恳请首都人民不要放弃自己的义务……各个教派，全体印度人必须以人道主义取代野蛮行径，必须使自己成为名符其实的印度人。如果你们不能如此，我也无需继续活在尘世。"

（三）

　　两次绝食时间相隔不远，对甘地的肾脏是个严苛的考验。绝食不久，甘地的血压开始急速上升。到14日上午，他的体重仅有49.5千克，一天之内体重就下降了1千克，这是个相当危险的信号。

　　1月15日，甘地的小便化验结果显示含有丙酮和酸性成分的毒性物质，这是尿毒症的症状。医生力劝甘地停止绝食，但甘地没有任何回应。

　　人们起初开始麻木而反感，并没有做出任何回应。直到第三天，新德里街头才出现小规模游行，呼吁教派和睦、亲善，以拯救圣雄甘地的生命。

　　经过了三天的仔细斟酌和权衡，印度政府决定立即偿付巴基斯坦的5.5亿卢比。

　　随即，尼赫鲁在红堡广场向新德里市民发表演讲，希望人们以实际的行动拯救甘地生命：

"因为丧失圣雄的生命，也就是丧失印度的灵魂。"

1月15日的晚祷会，甘地说话已经相当吃力了，他只说了三句话就不得不停下来。不祥的预感开始向人们袭来，麻木退去，良知被唤醒，群众开始自发地排成长阵，双手合十，依次从甘地住所的阳台前走过，并不断为甘地祈祷。

1月16日清晨，政府发布了有关甘地的健康公报，告之印度人民甘地健康状况已严重恶化。人们纷纷走向街头，聚集在广场中央，高呼"亲善""团结"和"拯救甘地"的口号。各教派与各界领袖相继成立了"拯救甘地生命委员会"，数10万人举行聚会，为甘地祈祷。

尼赫鲁带领各教派领导人前往甘地的住所，安慰甘地，并恳求甘地停止绝食。

甘地表示拒绝，并说他要听到"人民心灵深处的反应，是真心诚意的幡然悔悟，是实实在在的具体行动"。

1月17日上午，新的健康公报显示：急性尿毒症即将夺去圣雄的生命。

这时，甘地的精神却突然好了起来。趁着有精神，他向秘书口授了停止绝食的7项条件，即：印度教和锡克教难民必须把改成住房的117座清真寺归还给穆斯林；取消对新德里穆斯林商人的抵制；保证乘坐印度火车旅行的穆斯林的人身安全等。甘地要求新德里各政治组织的领导人，包括他的敌手印度教大会的极端分子，都必须在他的声明上签字。

所有人的注意力都集中在挽救甘地生命上，机关、商店、作坊、工厂、咖啡馆关闭了，来自各种族和各教派的数10万群众举行盛大集会，呼吁他们的领导人接受甘地声明的条款。

短暂的清醒后，甘地很快便陷入虚脱状态，且出现了谵妄现象。

尼赫鲁再次来到甘地卧榻前，见到奄奄一息的老人，他禁不住热泪盈眶。见此情景，蒙巴顿也酸楚起来。

1月17日晚，甘地陷入深度的昏厥与谵妄中，身体的各重要器官功能也开始崩溃。秘书带回了一个喜忧参半的消息：除了印度教大会地方代表和国民公仆团的签字外，其余所有派别组织的领导都签字了。秘书想借此让甘地喝点东西，医生也在旁边劝解，但甘地只是轻轻叹息，而后摇头说：

"不，任何事情不能操之过急。在我中断绝食前，任何铁石心肠的人都会动心的。"

1月18日上午，甘地很快又进入长时间的人事不省状态。国大党主席紧急动员，派人前去寻找甘地所要的签字，自己则在比尔拉寓所守候。

中午，各派代表终于聚齐，其中包括印度教极端分子及国民公仆团的神秘代表。他们都已在7项声明上庄严签字，并依次走到甘地卧榻前，亲自确认自己的庄严保证。

这位执著的老人用尽浑身力气，口授了一项声明，希望各派代表不仅要保证新德里的平静局面，还应使全印度都能从根本上消除不安定因素。他说：

"最大的错误观点，莫过于认为印度只属于印度教徒，或认为巴基斯坦只属于穆斯林。虽然要改变全印度和巴基斯坦人民的意识是件艰苦的事，但只要我们齐心合力，任何事情都是可以办成的。"

甘地讲完这句话后，在场的所有人都对他庄严承诺。当最后一个人立下誓言后，甘地宣布停止绝食。

一场震惊世界的、惊心动魄的绝食斗争终于圆满结束。

甘地很重视后代的教育，并认为言传身教是最好的方法。为此，他在南非创办了凤凰村，把家人都接来。一次，甘地的孙子阿仁·甘地跟小朋友打架输了，他非常生气，就暗暗发誓要锻炼身体，并且要"以牙还牙"。以后他开始每天苦练。甘地看到小孙子的举动，问清缘由之后，语重心长地说："愤怒就像电流，滥用会造成危害，运用得当则成为有益的能源。与其受愤怒所左右，不如控制怒火，用在造福人类的事业上。"小阿仁似有所悟。

第十九章 惨遭暗杀

首先他们无视于你，而后是嘲笑你，接着是批斗你，再来就是你的胜利之日。

——甘地

（一）

绝食的胜利撼动了世界，伦敦的《新闻纪事报》报道：

"一位78岁的瘦弱老人竟以神奇的力量震撼了整个世界，赋予世界新的希望；它所显示的力量，可以胜过原子弹的威力。"

即使对甘地不太友好的《泰晤士报》指出：

"甘地先生推崇的勇敢的唯心主义，这一次比以往任何时候都得到更加充分的肯定。"

法国《世界报》发表评论称：

"善良的甘地再次证实，他自己乃是我们这个时代最伟大的叛逆者。"

美国《华盛顿邮报》也写道，

"获悉甘地安然脱险的消息后，慰藉的浪潮席卷全球，这足以说明甘地的圣洁之心受到了人们的普遍颂扬。"

埃及报纸则颂扬甘地是"东方世界一位品德高尚的儿子，将其毕生精力献给和平、宽仁与博爱事业"。

印尼报纸认为甘地的功德"为把亚洲人从苦难中救出来带来了曙光"。

甚至昔日的敌手，"巴基斯坦之父"真纳也在甘地绝食停止的当日宣布，欢迎甘地来访问他的新国家。

这位78岁的老人经过这一战役，再一次爆发出了新的斗志，萌生了新的计划：以步当车，穿越刚被冲突弄得伤痕累累的旁遮普大地，沿着难民逃亡的大道一步一步走向巴基斯坦。这样他既可以体察民情，安抚民心，又可以广泛传播他的非暴力和博爱思想。

然而，一向敌视他的国民公仆团也加紧了部署，正磨刀霍霍地准备着……

1948年1月20日下午，甘地走出家门，举行晚祷。就在这时，一枚炸弹在半空中划出了一个弧线后准确无误地落在平台上，幸好周围警戒及时发现，炸弹在甘地身边响起，甘地安然无恙。人群恐慌，凶手虽然被当场抓获，但同伙却趁机逃之夭夭。

炸弹事件后，比尔拉寓所增加了警力，德里警察局副局长请求甘地允许他搜查前来参加祈祷会的可疑分子，但甘地拒绝了。他说：

"警察不能干预正在做祈祷的信徒。"

"神是我的唯一保护人，如果它想结束我的生命，任何人也不能拯救。"

甘地还严正地说：

"如果你坚持这样做，我立即离开这里。我将宣布，你对我的出走负全部责任。"

倔强的老人最终取得了胜利，副局长只能派出便衣警察和保安人员出席甘地每日例行的祈祷会，并指定专人随侍在甘地左右，以防不测发生。

（二）

1月26日是印度的国庆日。这一天，甘地应尼赫鲁请求，开始着手为国大党起草新党章，以确定国大党在印度独立后的新目标和作用。

甘地准备新党章起草完毕就准备前往巴基斯坦，并指示秘书先期抵达做好准备工作，同时要求她须在1月30日返回。2月3日，甘地将离开比尔拉寓所，开始他的巴基斯坦之行。

1月29日，甘地工作如常。早祈后，他开始手摇纺车，书写孟加拉文，用短铅笔头回信，同客人交谈。此外，他还接见了美国记者，阐述了自己的观点：美国必须放弃原子弹，非暴力是原子弹难以摧毁的武器。

这天下午，有40名从巴基斯坦逃出来的锡克教和印度教难民来到比尔拉寓所，要求会见甘地。甘地十分耐心地劝说他们道：

"我所遵循的唯一指示来自神，神在我内心深处。我看你们如兄弟姐妹或儿女，你们的痛苦也是我的痛苦，为什么你们认为我不知道你们所受的苦呢？"

"我不受任何人的差遣为社会服务，也不接受任何人的命令停止服务。"

晚上，甘地完成了新党章的起草工作。这是他为国大党所做的最后一项工作。

1948年1月30日是星期五，正逢耶稣受难日，也是甘地人生的最后一天。

这一天，甘地一早照常接待了很多客人，并提出自己的见解。下午4点时，新政权的内政部长帕迭尔与刚烈执著的尼赫鲁无法共事，因此桀傲不驯的帕迭尔提出辞职，并向甘地呈交了一份副本。面对这个充满激情的年轻人，甘地语重心长地说服他收回辞呈。因为这件事，晚祷耽误了10分钟。

5点10分，甘地在摩奴与阿巴的扶持下走向通往晚祷会场的草坪。他的私人秘书苏悉拉医生未归，负责保护的警官也因为行政部门内部职员罢工被临时调回警局待命。

甘地在摩奴和阿巴的搀扶下走到台阶处，刚刚收回手臂准备独自登上台阶的时候，早已潜伏在那里的国民公仆团的头目纳图拉姆·戈德森跑到甘地面前，并鞠躬行礼，口中低声念道：

"圣父，您好！"

摩奴以为是圣徒，遂放松了警戒，只是礼貌地将他挡开。

就在此时，纳图拉姆突然面露凶光，猛地推开摩奴，从口袋里掏出早已准备好的手枪，顶住甘地赤裸的胸口连开数枪，殷红的血瞬间染红了甘地身上洁白的土布拖地。甘地双手合十，已来不及迈开最后一步，口中只是喃喃念道：

"神啊！"

随后徐徐倒地。

这位终身提倡"非暴力"的倔强老人，最终死在了暴力的枪口之下。1948年1月30日下午5点17分，枪声结束了这位伟人的一生。

（三）

凶手纳图拉姆·戈德森是国民公仆团的头目。在完成了自认为"伟大的使命"之后，他束手就擒。他是个狂热而偏执的人，早年曾追随过甘地，从事不合作运动，并因此而多次入狱。

1937年，他曾受沙瓦迦尔的影响参加了以复兴印度教统治地位为目标的印度教大会，并创办了"国民公仆团"。随后，他多次宣传反对甘地和反对伊斯兰教及其他非印度教等派的政治主张，并因此而刺杀了甘地。

已经倒在血泊中的甘地被人们抬进房间，放在卧榻上。阿巴在血迹斑斑的"拖地"上盖上被子……

人们开始默默地清理着他的遗物：一架木纺车，一双拖鞋，3只小猴雕像，一本《薄伽梵歌》，一只怀表，一个痰盂和一个从耶拉伏达监狱带回来的金属洗脚盆。

印度政府很快得知了这一消息，经过慎重推敲发表了一个公告：圣雄甘地于17点17分在新德里遇刺身亡。

噩耗传来，尼赫鲁面色惨白，帕迭尔两眼迷惘地愣视着前方。他实在难以接受，就在20分钟前，他们还在热烈地交谈着。总督蒙巴顿也第一时间赶到了比尔拉寓所。

房间内点燃了数盏油灯和香烛，周围传来低声念祷的《薄伽梵歌》。甘地静静地躺在由灯光与烛光围拢的床上。蒙巴顿接过装有玫瑰花瓣的杯子，在甘地的身上撒下了片片花瓣，表示印度最后一任总督对这位终身致力于民族解放事业的伟人的敬意。

蒙巴顿本想用防腐香料保存甘地的遗体，以便更多的人能够瞻仰他的遗容，但甘地生前曾立有遗嘱，遗体将在他死后24小时内按印度教的习俗火化。所以，就只能按照按死者的意愿处理他的遗体了。

印度举国哀悼，人们自动绝食24小时，以最传统的方式表达着自己的哀思。在浦那城，愤怒的群众冲破了警戒线，力图捣毁国民公仆团及其机关报《印度民族报》社址，1000多名群众捣毁了沙瓦迦尔住处，捣毁了印度教大会的办事机构，用石头和木棒驱打印度教大会的会员。

成千上万的人来到比尔拉寓所，来看他们的国父最后一眼。甘地的遗体已被清理干净，他紧闭双目，双手合十，由5盏油灯环绕四周，与自然同为一体。

印度广播电台传来了尼赫鲁沉痛的声音：

"我们生命中的光辉消失了，整个国家沉浸在黑暗之中。我们敬爱的首领，我们称之为巴布或国父的人离开了我们。我刚才说光明消逝了，不，我说错了，因为照射在这一国土上的光辉并非普通的光芒，千年之后，它将永远放射出耀眼的光芒，世人们将看到这灿烂的光辉。因为它将为所有人带来慰藉，它代表生命与永恒的真理，带领我们古老的国家走向自由。"

2月1日，新德里成为了一片哭泣的海洋。走了整整一夜的人们，哭嚎着、呜咽着和啜泣着为甘地送行。

世界各地的唁电也如雪片般飞向新德里：英王乔治六世、英国首相艾德礼、温斯顿·丘吉尔、坎特伯雷大主教、史末资将军……美国总统杜鲁门在闻悉甘地遇刺的消息后，沉痛地说：

"全世界都在同印度一起悲哀地哭泣。"

上午11时，灵车由士兵用四条长麻绳牵引徐徐移动，前往亚穆纳河附近的拉杰科德火葬场。送葬的队伍长达8千米长，沿途撒满了玫瑰花与茉莉花。

下午4点，火化仪式开始。甘地的两位儿子将甘地的遗体安放在檀香木柴堆上，按照印度教的葬仪规定，头部朝向北方。当火舌开始吞噬檀香木时，人群中爆发出排山倒海的哭声和难以抑制的激动表现。随着来自河边的凉风扇起一阵阵冲天火焰，甘地安祥的面孔终于消失在金色火焰与彩霞交织的帷幕后面……

12天后，圣雄甘地的骨灰撒入河流，并流向大海。

甘地大事年表

1869年10月2日 出生于印度西部卡提阿瓦半岛的博尔本德尔邦。

1876年 随父迁入拉杰科德邦，在此就读小学与中学。

1882年 13岁时与同龄女孩卡斯图巴结婚。

1885年 父亲病逝。

1887年 中学毕业后考入巴纳迦尔城的萨玛尔达斯学院就读。

1888年 只身赴英深造，通过入学考试后进入伦敦大学攻读法律。

1891年 完成伦敦大学学业，通过考试取得律师资格。

1893年 应聘抵达南非处理债务纠纷，并在途中遭遇歧视，开始关注南非印侨的处境。

1894年 打赢官司，并准备在南非长久地斗争下去。

1894年 成立纳塔尔印度人大会。

1899年 组织印度救护队为英军效劳。

1901年 在印度参加国大党的加尔各答年会，申请南非议案获得通过。

1902年 向英国殖民大臣张伯伦递交请愿书，无果。定居约翰内斯堡，继续战斗。

1904年 在南非创办《印度舆论》，并创立凤凰村。

1906年 组织请愿抵制"亚细亚法草案"。

1907年　发动非暴力抵抗，反歧视性立法。

1908年　被押入约翰内斯堡监狱，判刑2月。

1909年　返回德兰士瓦，因无身份证被驱逐出境，多次判刑，多次入狱。完成《印度自治》一书。

1910年　创建了托尔斯泰农场。

1911年　同史末资将军达成临时协议，在押非暴力抵抗犯全部获释。

1913年　再度组织印侨进行非暴力抵抗，以抗议歧视印度侨民的立法。

1914年　史末资与甘地取得协议，取消3英镑人头税，承认印度人婚姻的合法性，同意印度人持有按手印的移民证即可进入南非。

1915年　创立了真理学院。

1916年　游历印度各地，发表一系列重要演讲。

1917年　鼓动废除契约劳工制，接着奔赴三巴朗，调查佃农受剥削的情况，迫使政府废除了对靛青工人的契约制，开始在那里从事建设性工作。

1919年　抱病发动全国性的非暴力抵抗运动，抵制"罗拉特法案"。组织全国总罢市，政府血腥镇压酿成阿姆利惨案与旁遮普暴行。

1920年　在哈里发运动中提出不合作运动计划。12月，国大党那普尔年会确认了加尔各答特别会议精神，通过了甘地起草的新党章及其建设性纲领，国大党进入了"甘地时代"。

1921年　赴加尔各答为国民学院揭幕，全国各地创办国民学校，蔚然成风。7月始，推广土布，开始放弃服饰，上身赤裸，剃光头发。

1922年　向总督发出最后通牒，要求政府释放政治犯，恢复人民言论自由，第一次非暴力不合作运动受挫。

1922年　被捕，判刑6年。

1924年　提前获释出狱，提出土纺土织、印穆亲善、解救"贱民"

三大中心工作。

1925年 旅行全国各地，推广建设性方案。

1926年 因健康原因回沙巴玛迭真理学院静养，开始撰写自传《我体验真理的故事》。

1927年 旅行全国各地，宣传服用土布、妇女参加社会活动、取消"贱民"阶级、统一语言等问题。

1928年 返回真理学院，撰文批评国大党通过的独立案，流于空想和形式。

1929年 继续推进土布运动。

1930年 发动第二次不合作运动，再次被捕入狱。

1931年 被释放，达成甘地—伍德协议，双方休战。参与圆桌会议，无果。

1932年 被捕，在狱中发动"哈里真"运动。

1933年 主办《哈里真报》（周刊），开展解救"贱民"运动。

1934年 退出国大党，停止非暴力不合作运动，专心致力于乡村工业建设。

1936年 推荐尼赫鲁为国大党主席，住进茅棚，体验实际的乡村生活。

1937年 立法会议选举，国大党获全胜，但教派冲突凸现出来。

1938年 与真纳会谈无结，印穆关系进一步恶化。

1939年 宣传反战和非暴力主张。

1940年 开展第三次非暴力不合作运动。

1941年 与国大党出现意见分歧，被免职。

1942年 因宣传反战与夫人一起被捕入狱。

1943年 抗议政府高压，绝食3周。

1944年 甘地夫人病死狱中，甘地获释。

1945年 为印度自治开展旅行演讲，宣传其非暴力主张和反社会主义的政治观。

1946年 前往浦那游说，火车被炸，但甘地安然无事。

1947年 在孟加拉各地苦行游说，前后行程185千米，走访47个乡村，致力于平息宗教仇恨。到加尔各答乱区贝利亚加达大街，控制了加尔各答局势。8月14日子夜，印度宣布独立，普天同庆。以绝食、祈祷、纺纱度过了独立日。

1948年 为印穆团结开始最后一次绝食。1月30日17点17分，在晚祷会场被一个印度教狂热分子枪杀，终年78岁。